·有马赖底禅文集·

云水禅心

有马赖底（临济宗相国寺派管长）

有馬賴底禪文集

傳印敬題

· 有马赖底禅文集 ·

云水禅心

（日本）有马赖底／著

刘建 华海 译

海南出版社
HAINAN PUBLISHING HOUSE

禅茶巡礼 著有 有馬赖底

版权所有　不得翻印
版权合同登记号：图字：30-2012-125 号
图书在版编目（CIP）数据
云水禅心 /（日）有马赖底著；刘建，华海译 . --
海口：海南出版社，2014.2
ISBN 978-7-5443-5257-4
Ⅰ.①云… Ⅱ.①有… ②刘… ③华… Ⅲ.①禅宗 -
通俗读物 Ⅳ.① B946.5-49
中国版本图书馆 CIP 数据核字 (2013) 第 241238 号

云水禅心

作　　者：[日本]有马赖底
策划编辑：柯祥河
责任编辑：任建成
特约编辑：张　奇
装帧设计：黎花莉
责任印制：杨　程
印刷装订：三河市祥达印刷包装有限公司
读者服务：蔡爱霞
海南出版社　出版发行
地址：海口市金盘开发区建设三横路 2 号
邮编：570216
电话：0898-66830929
E-mail：hnbook@263.net
经销：全国新华书店经销
出版日期：2014 年 2 月第 1 版　2014 年 2 月第 1 次印刷
开　　本：880mm×1230mm　1/32
印　　张：9　　彩插：0.125 印张
字　　数：150 千
书　　号：ISBN 978-7-5443-5257-4
定　　价：35.00 元

目　录

推荐序一

　　有马赖底长老是中国佛教协会已故会长赵朴初老居士的挚友，现任日中韩国际佛教交流协会副理事长、日中临济宗黄檗宗友好交流协会会长、临济宗相国寺派管长、京都佛教会理事长，在日本佛教界享有较高威望。

　　长老长期致力中日友好，为两国佛教交流倾注心血，为巩固和发展中、韩、日佛教"黄金纽带"的关系，倾心竭力，功莫大焉。

　　"有马赖底禅文集"收录了《禅茶一味》《云水禅心》《破壁入禅》《活在禅中》《禅僧直往》《禅的对话》六部代表作，以独到的视野旁征博引，勾勒出禅法东渐的轮廓，论述了禅茶文化的发展轨迹；阐述了长老的禅宗艺术理念，诠释了处世哲理。皆希借此度化世人看破放下，舍欲清心，背尘合觉，引导众生把握日常生活中行、住、坐、卧的禅机，以禅家睿智面对人生，迎面今世苦难。

　　"有马赖底禅文集"六部著作章节简练、深入浅出、幽默诙谐、契理契机、引人入胜、发人深省，娓娓道出禅家箴言妙语，可谓是对治现代人心灵疾病的灵丹妙药。

传印

中国佛教协会会长

二〇一三年七月吉日

推荐序二

昔日，灵山盛会，佛祖释迦牟尼手拈香花，默然不语，众皆不解，唯有大弟子摩诃迦叶会意微笑。佛心大悦，遂将"正法眼藏，涅槃妙心，实相无相，微妙法门，不立文字，教外别传"之心法付嘱摩诃迦叶。是乃人类思想史上禅之发端。迦叶尊者因之而被尊奉为禅宗初祖。此后，代代相传至二十八祖菩提达摩，入华弘法，阐扬禅那宗风，秘传佛祖心印，其"直指人心，见性成佛，不立文字，教外别传"之禅风，为当时的中国佛教注入了新鲜的活力，很受时人崇仰，被尊为"东土第一代祖师"。达摩之后，经二祖慧可、三祖僧璨、四祖道信、五祖弘忍、六祖慧能等大力弘扬，终于"一花五叶"，盛开秘苑，成为中国佛教的最大宗门。

"一花开五叶，结果自然成"。慧能之后，禅宗分为南岳怀让和青原行思两系，并逐渐衍化出沩仰、临济、曹洞、云门、法眼五家，后又从临济宗石霜楚圆门下分出黄龙慧南和杨岐方会二派，合称"五家七宗"。各派皆以不立文字、直探心源为宗旨，应机接物，大辟机用，呈现了丰富多彩的宗风禅法：沩仰宗禅风细密，师资唱和，语默不露，事理并行；临济家风，全机大用，棒喝齐施，势如山崩，机似电卷；曹洞家风绵密，默照暗推，敲唱为用，理事回互；云门禅风孤危险峻，人难凑泊，简洁明快，超脱意言；法眼宗风，对症施药，垂机顺利，渐服人心，削除情解；黄龙派门庭严峻，人喻如虎，禅不假学，贵在息心；杨岐派神机颖悟，钳锤妙密，浑无圭角，宗风如龙。七宗之中，尤以临济机锋峻烈，单刀切入，变革最烈，影响最大。

公元七世纪，日本法相宗僧侣道昭，入唐从玄奘三藏求学唯识、兼从慧满习禅，归国后于元兴寺首创禅院。奈良时代，天平八年（736）神秀弟子普寂的传人道璿渡日传法，在奈良大安寺设禅院弘扬北宗禅。禅宗得以远播日本。公元十二世纪，荣西禅师曾两度入宋求法，参谒天台山万年寺虚庵怀敞禅师，习禅问道，承袭临济宗黄龙派的法脉，并逐渐发展成日本禅宗的主流。

镰仓时代至室町时代，日本临济禅不断弘扬、发展，先后分立为建长寺派、圆觉寺派、南禅寺派、东福寺派、天龙寺派、相国寺派、建仁寺派、大德寺派、妙心寺派、方广寺派、永源寺派、向岳寺派、佛通寺派、国泰寺派等十四派（亦称十四大本山）。

京都古刹相国寺，作为日本临济禅相国寺派的中心，

600 余年来，一直是日本最重要的禅宗行政中心。除拥有金阁寺和银阁寺外，还统领百余座大小寺庙，更是许多艺术品的收藏中心，为弘扬临济禅文化作出了巨大的贡献。1992 年，在时任中国佛教协会会长赵朴初居士、副会长兼开封大相国寺方丈真禅长老以及日本相国寺住持有马赖底长老等人的倡导和推动下，中日两所相国寺缔结为友好寺院，成为两国佛教界缔结的第一对友好寺院。2009 年，有马赖底长老担任会长的"日中临黄友好交流协会"与中国云南大理崇圣寺缔结为"友好关系"，是中日佛教界缔结的第三对友好寺院。

作为相国寺派的现任管长，有马赖底长老积极致力于中日友好，注重发展两国佛教双向交流，在当代中日佛教文化交流史上发挥了极其重要的作用，是中日和平友好的使者。

有马长老不仅是一位富有影响的日本佛教领袖和中日和平使者，还是当代著名的佛教学问僧。弘教、禅修之余，长老数十年如一日，坚持著书立说，开示学人。本人所在的上海玉佛禅寺，曾有缘将长老的《禅林夜话》、《大道说法》两部著作中文版推介给中国读者。本次付梓的六部新作，行文质朴、内涵丰富、亲切自然、幽默风趣，是长老深研禅法的思想精髓，是实际禅修的内心感悟，是劝化世人的指路明灯，是净化社会的嘉言懿语，读来有如醍醐灌顶，引人入胜，发人深省，肺腑清凉。

　　相信有马长老新作的出版发行，对于丰富当代禅学思想，启迪禅学的生活实践，推动现代禅学的与时俱进，必将产生极其深远的影响。热切期待有马长老，老当益壮、笔耕不辍，透过文字般若，奉献无上智慧，以启迪昏蒙、利益群生，为正法久住、续佛慧命而不遗余力、放光无尽。

　　是以为序！

觉醒

中国佛教协会副会长、
上海市佛教协会长、上海玉佛禅寺住持
2013 年 8 月 8 日

中文版序

佛法东渐，源远流长。中国禅东流扶桑，历经镰仓、南北朝和室町时代，蓬勃发展，蔚为壮观；临济宗、曹洞宗、黄檗宗繁衍不绝，传承至今。

一花开五叶，香花结胜缘，拙作《禅僧的生涯》、《大道说法》、《禅林夜话》曾先后在日本禅的故乡中国得以上梓刊行。承蒙中国海南出版社精心策划编辑，拙僧近年新作《禅茶一味》、《云水禅心》、《破壁入禅》、《活在禅中》、《禅僧直往》、《禅的对话》，即将汇集为《有马赖底禅文集》，与中国广大有缘读者见面了。

昭和五十四年（1979）五月二十八日，日中友好临济黄檗协会诞生了，我在该会的第一次理事会上选为常务理事。昭和五十七年，升任该会事务局长。从此，我义不容辞地走在了跨越国界的临济黄檗宗门友好交流活动的最前列。

日中友好临济黄檗协会成立以来，先后组织派遣了十余次友好代表团访问中国，通过开展各种形式的友好

交流活动，不断地增进了与中国佛教界的友好交流往来

2016年，我们日中临济门徒即将迎来宗祖临济义玄禅师圆寂一千一百五十周年。日中友好临济黄檗协会下属十五派计划分别组织派遣代表团前往中国，朝礼祖庭，寻根祭祖。同时，日中友好临济黄檗协会还计划与中国佛教协会联合举行各种形式的友好交流纪念活动。

1977年以来，我本人曾经八十四次访问中国，参拜祖庭、巡礼朝圣、讲演交流，在中国广袤的大地上留下了无数拜祖报恩、弘法利生的足迹。

法法东流，从镰仓时代至现代长达七个世纪的漫长历史岁月中，禅宗的兴隆和普及，不仅形成了日本佛教发展史上的一大壮观，还触发了太古以来传入、堆积、沉淀于日本列岛深层的中国文明的基因，造就了绚丽多彩而独具日本民族特色的禅文化。

以参差、简素、枯淡、脱俗、自然、清寂、幽玄等为思想和艺术风格特征，由诗文、书画、能乐、和歌、连歌、俳谐、茶道、花道、香道、园艺、饮食等构成的禅文化，发展繁荣至今，焕发着隽永的生命力，受到东西方世界的注目。

放眼全球，科学技术的发展日新月异，迅猛异常。伴随着国际化不可阻挡的历史潮流，东西方文明的矛盾冲突日益激化，各种意识形态乃至各种不同宗教之间的相互较量和挑战愈演愈烈。当今世界正处于一个急剧动

荡，变化无常的历史时期。

面对变化纷纭的当今世界，以及自身生活着的周围环境，不少人迷惘彷徨、无所适从、举步维艰。

归根结底，我认为关键的问题在于行动。如果我们毫无作为，我们的生活环境就不会发生任何变化。禅门有"冷暖自知"一句名言，倡导世人自己动手，亲身体验。我认为，即使我们所付出的努力暂时并没有使周围环境有所改变，但是通过具体实践所获得的感性知识一定会使我们自身有所变化。这就是禅之所以被称为体验型宗教的缘由之所在。

我八岁那一年，由于父母离异而导致家庭崩溃。我由生长在东京闹市名门望族的纨绔子弟，倏尔变成了乡村禅寺的小和尚，开始了漫长而艰辛的修行生活。光阴荏苒，我已经在弘法利生的人生旅途中走过了七十多个春秋。

往事并不如烟，回首自己的禅僧生涯，我所经历过的人生顺境或逆境历历在目；我的人生历程中，逆境远远多于顺境。所谓逆境究竟在人生中扮演着什么角色呢？我认为，逆境可以使我们更加深入地接触人生和更加深刻地认识人生。

在七十余年的禅僧生涯中，我从各种各样的逆境中所得甚多。即使在极为平凡的日常生活中所经历的逆境，也堪称难得宝贵。因为越是平凡的环境，就越能够使我们觉悟到逆境的存在价值和意义。换而言之，风平浪静的安逸生活往往难以使我们有所觉悟，有所收获。

逆境的反面就是顺境。所谓顺境，往往给我们以一种向上或向前的感性认识。换而言之，如果不是身处逆境，即使平平凡凡的日常生活也可以使我们产生置身于顺境的感觉。

然而，所谓顺境并非永远一帆风顺，顺境之中往往不断地滋生着逆境的萌芽。顺境往往建立于他人的逆境之上。换而言之，逆境与顺境并非毫不相干之物，而是一对不可分割的孪生兄弟。在我们短暂而漫长的人生中，由于时间、地点、环境乃至人际关系的变化，顺境和逆境这一对孪生兄弟不断地变换角色而展现于人生舞台。所以，由于些许的契机，顺境则将转变为逆境，而逆境则将转变为顺境。

如果明白了这一道理，我们则将在日常生活中切身地感觉到，左右为难而不知所措的逆境不足为怪，终将在不知不觉中消失殆尽；郁闷不快的心情终将得到化解，而迎来轻松爽快的自我；烦恼厌恶之事瞬间将转化为愉快欢欣之事。只要我们善于不断地转换和疏导，就能够保持生命之树常青。放弃我执，转换开创，将给我们短暂而宝贵的人生带来无限成功的喜悦。

如果明白了这一道理，我们就将不急不躁，不断地卸掉压在双肩上的一个个沉重的包袱。如果舍弃了一个个"身外之物"，则意味着向着重返自我本来面目而迈出了坚实的一步。

何为禅？这是禅僧经常遇到的一个永恒的"难题"。所谓禅，其实答案极为单纯明快。我们生存着的世间唯一真实不变之物，平等地赋予所有世人的真实不变之物究竟何在？

答案只有一个，那就是有生必有死。不论何人，都是赤裸裸而生，赤裸裸而亡。换而言之，从一无所有之处诞生，又回归一无所有之处。禅的根本宗旨"本来无一物"淋漓尽致地表达了这一哲理。

如果我们真正地觉悟到了这一哲理，我们将无所畏惧，堂堂正正，信步前行。衷心地期望老衲这套拙作能够成为有缘之人开启禅的智慧之门的敲门砖。

禅僧的社会使命在于庄严国土，利乐有情。一个美丽的国家，源于每一个国民纯洁而高尚的心灵。只要我们每一个人自身不断地努力，日积月累，就一定能够收获丰硕而甘美的果实，就一定能够创建一个美好而和谐的世界。

有马赖底

临济宗相国寺派管长

第一章

藏地朝拜记

多年以来，我以日本佛教徒、临济禅门弟子的身份，带领日中友好临济黄檗协会，与中国佛教界共同开展了复兴中国禅宗祖迹的一系列活动。

同时，我还一直持续不断地前往中国各地的佛教遗迹巡礼、朝拜、献茶，举行祈祷世界和平法会等。通过开展日中佛教界的友好交流活动，不断地增加我对中国佛教现状的理解，进一步加深了日中两国佛教界的友好往来关系。

随着中国改革开放政策的不断深入，我有机会巡礼朝圣中国内地的不少名山大寺。1988 年 8 月间，我终于实现了朝圣藏地这一梦寐以求的夙愿。

自古以来，朝圣西藏之旅一直是很多佛教徒所憧憬的目标之一。来自中国各地的佛教徒克服前所未有的艰难困苦，不断地挑战极限，前赴后继，创造了不少可歌可泣的巡礼朝拜壮举。但是，其中也有不少佛教徒遭遇百般挫折，或途中罹病而亡，或下落不明，没有能够实现自身的虔诚善愿。

数年前，我本人也曾经尝试巡礼朝拜西藏，但是由于种种主客观原因而未能成行。所以，时隔数年之后的第二次挑战，给我留下了终身难忘的印象。

西藏地区位于亚洲中部喜马拉雅山脉和昆仑山脉之间，西邻帕米尔高原，东与云南省、青海省、四川省等高原地区接壤相连。自从久远的汉代以来，生活在西藏地区的游牧民族以氏族和羌族较为知名。整个西藏地区一般分为以下几个区域："藏"，即指西藏中部地区；"卫"，即指西藏西部地区；"喀木"，即指西藏东部地区；"安多"即指西藏东部的一部分地区。现在，"喀木"行政管理划编为四川省及昌都地区，"安多"划编为青海省，"藏"和"卫"这两个地区总称为西藏，即中华人民共和国西藏自治区。

7世纪初，松赞干布统一了青藏高原，中国史书上一般称其为"吐蕃王朝"。其后，吐蕃王朝逐渐扩大了势力范围，进而扩展到云南、东西突厥斯坦、帕米尔等地区。唐代，吐蕃王朝趁"安史之乱"之隙，曾伺机占领唐都长安。松赞干布笃信佛教，主持翻译了大量的梵文佛教典籍，奠定了其后的藏版《大藏经》的基础。

其后，登上统治藏区历史舞台的是笃信佛教的赤松德赞王和赤热巴坚王。赤热巴坚王完成了翻译梵文佛教典籍过程中的藏文译语的统一难题，极大地促进了西藏佛教的繁荣和发展。赤热巴坚王之后的朗达玛王采取残酷的手段灭绝佛教，从而导致佛教发展陷入低谷阶段。朗达玛王遭致暗杀之后，吐蕃统一王朝宣告结束，从此分裂与抗争连绵不绝。

11世纪初期，西藏佛教开始逐渐走向复兴，分出噶当、噶举、萨迦派等诸多流派。13世纪的后半叶，元朝征服了西藏，元世祖忽必烈皈依萨迦派教主八思巴，促使佛教得到复兴发展，盛极一世。到了明王朝，喇嘛僧团开始出现堕落和腐败现象。

然而，进入14世纪以后，宗喀巴大师（1357～1419年）倡导依法修持，严守戒律，力图革新，并创立了格鲁派，即黄帽派。其后，黄帽派宗门鼎盛，不断发展，诞生了以宗喀巴弟子根敦珠巴为第一世达赖喇嘛一派，以克珠杰·格勒巴桑为第一世班禅喇嘛一派。

众所周知，所谓喇嘛教，就是"西藏佛教"的通称。"喇嘛"就是"师"或"上人"之意，西藏佛教以被称为"喇嘛"的高僧为教祖，故称"喇嘛教"。基于藏传佛教独特的"转世"宗旨，"活佛"受到广大信众的崇拜和敬仰。

14世纪中叶诞生的宗喀巴大师承前启后，使西藏佛教的面目为之一新。宗喀巴大师的教派统称"黄帽派"，与继承了既往传统的红帽派鼎立并存。其后，宗喀巴大师开创的黄帽派逐渐发展为西藏佛教的主流。宗喀巴大师弟子根敦珠巴被尊为达赖喇嘛一世，而克珠杰·格勒巴桑被尊为班禅一世，依据"转世"确立法门系统的传承关系。达赖喇嘛五世以后，掌握了政教两个方面的权力，占据了西藏佛教的统治地位。这种特殊现象一直持续到中华人民共和国诞生。

1988年8月22日清晨5点，我在四川省成都市的锦江饭店睁开了双眼。以《三国志》而名闻扶桑的蜀地成都八月的清晨，暑气恼人。用过早餐以后，我们一行人就匆匆地登上了前往机场的旅游车。7点40分，我们一行人虽然顺利地登上了飞往拉萨的班机，但是我们一行中不少人却忐忑不安，因为毕竟是要前往超过日本最高山峰富士山的高山地带，由于空气稀薄导致的缺氧状态，经常造成人身事故。我们访问团中有两位随团医生，大家都纷纷恳请医生多多关照。

我们乘坐的班机在连绵起伏的山脉上空飞行了两个多小时，几座高高地耸立于云海之上的湛蓝色的山峰时隐时现。9点50分，班机平安地降落在拉萨机场。一下飞机，清爽的微风扑面而来，吹走了裹在我们身上的暑气，令人身心为之一新。从机场到拉萨市内大约有100公里，道路上到处都铺满了刚刚收割的荞麦。据当地导游介绍，来往的汽车起着免费自动脱谷机的作用。

到达饭店，全体人员用过午餐后就马上休息了。这是为了尽快地适应由于气压过低而引起的缺氧状态。我当时还不以为然地认为，清爽的拉萨比起闷热的成都可是舒服多了。没想到四五个小时以后，头疼伴随着恶心呕吐阵阵袭来，令我坐卧不安，无所适从，这就是典型的高山反应症状。我急忙打开配置在房间墙角的桌子下面的吸氧器，大口大口地吸了起来。晚饭过后，按照原定计划，我虽然为同行者介绍了藏传佛教常识，但是整个大脑自始至终都处于恍惚不定的状态。

拉萨早上大约 8 点半日出，晚上 10 点日落。第二天，由于及时吸氧，所以大家的精神状态基本正常。当天的早餐，正好赶上了炖茄子这道菜，味道与日本的基本相仿，大家都吃得极为开心。

第一天，我们的活动日程是参拜盼望已久的布达拉宫。布达拉宫屹立在拉萨市西北的红山上。布达拉宫原为历代达赖喇嘛的冬季寝宫，系松赞干布为了迎娶文成公主而建。"布达拉"一语与"普陀"同义，就是"观音菩萨道场"之意。布达拉宫中的观音菩萨、弥勒菩萨以及历代喇嘛的尊像分别供奉在几个殿堂内。烛光映照着昏暗的殿堂，燃烧着的草药取代了焚香，缭绕弥漫殿内的香烟散发着异常浓郁的芳香，将参礼者引入一个充满奇妙幻想的法喜世界。

布达拉宫具有浓厚的藏式建筑风格，依山而建，气势雄伟，给我留下了终身难忘的印象，因为这意味着参拜中国佛教遗址的终点。我们在布达拉宫内的黄金佛塔、

雄伟的布达拉宫

宗喀巴大师像和诸菩萨尊像前奉献了特意从日本带来的香茶，全体人员一同唱诵了《般若心经》一卷，大家都情不自禁地流下了感激的热泪。

用过午餐，我们一行人前往色拉寺参拜。色拉寺为拉萨三大寺之一，也是格鲁派即黄教六大寺庙之一。规模宏大，错落有致，重重庙舍依山而建。整个伽蓝呈横长形布局，壮观至极，高耸的金顶在阳光下熠熠生辉。

1419年，宗喀巴大师的弟子绛钦却杰创建了色拉寺，现为西藏年轻僧侣的修行道场。寺内珍藏着《永乐版大藏经》以及黄金制作的金刚杵等。色拉寺建造在拉萨市北郊的色拉乌孜山麓，所以可以将整个拉萨市尽收眼底。

我们一行人沿着崎岖的山路登上了色拉寺内，只见成群的野犬在寺内悠闲地走来走去。据寺内有关人员介绍，由于寺内禁止杀生，所以野犬都把寺内看做逃生度日的安全地带。

我们随着三三两两的人群进入山门以后，听到从前方的树丛中传来一阵阵喧哗声，只听喧哗声时起时落，转而迎来一阵阵高潮。我们一行人不由得信步向着喧嚣的人群走去。

穿过一扇小门，只见前方有一个被树丛环绕着的小广场，大约五六十位喇嘛僧盘腿席地而坐，正在辩经。两位貌似长老的喇嘛僧站立前方，口中不断地发出一个

色拉寺远眺

个问题。接受提问的年轻喇嘛僧围坐在长老的左右成圆弧状，一个接一个地回答着长老的提问。每当年轻的喇嘛僧提出一些愚钝的问题，招致长老的厉声质问之际，围坐着的年轻喇嘛僧中就发出一阵阵奚落之声；而面对圆满地回答了难题的喇嘛僧，则爆发出一阵阵祝福的欢声。我们一行都不禁为眼前火热的论战场面而感动，其中两位回答问题的年轻喇嘛僧那执着而火热的神情，给我留下了极为深刻的印象。

色拉寺的大殿内供奉着黄金制作的主佛，令人惊叹不已的是悬挂在四周墙壁上的由曼陀罗壁画构成的壮观世界。我们一行人都沉浸在一种难以言喻的法悦之中。走出大殿以后，大家坐在树荫下的石板上，取出由日本带来的茶具，点茶品茗。我们向路过身旁的巡礼者也献上一盏盏日本抹茶。看到他们的脸上也露出了甜美而满意的笑容，大家都感到无比欣慰。

24日，我们前往拉萨市内的大昭寺参拜访问。大昭寺位于拉萨市城关区八角街，寺区由独具民族特色的八角楼环绕。公元641年，吐蕃赞普松赞干布为了迎娶唐王朝太宗的皇女文成公主而兴建了布达拉宫。文成公主由内地带来的能工巧匠与当地的藏人齐心协力，共同兴建了大昭寺。

大昭寺门前的石板路上汇聚着来自中国各地的巡礼朝拜者，一直延续到整个寺内。当时，我在寺里碰到了一群怀抱新生婴儿的母亲们。这些母亲一看到我，就立刻围拢过来，嘴里一边喊着"喇嘛，喇嘛"，一边打着手势祈求我为她们祈祷祝福。于是，我就按照藏传佛教的规矩礼节，轮流用手触摸母子们的头顶，以示祈祷祝福之意。这种祈祷祝福形式与日本的婴儿满月之际初次参拜当地的神社这一风俗习惯十分相似。其中，还有几位母亲将攥在手中皱褶了的钱供养给我，我收下后，转手放进了香资箱内。

大昭寺内，五体投地朝拜礼佛的人群，以及购买甘草和佛蜡的人群拥挤不堪。大昭寺被称为藏传佛教信徒巡礼朝圣的终点，在藏传佛教史上拥有极其崇高而圣洁的地位。在藏传佛教信徒的心中，大昭寺之神圣，并不逊于布达拉宫。不论从地理位置上来讲，还是从藏传佛教信徒的心目中来说，大昭寺都是至高无上的藏传佛教的圣地和心灵的寄托。大殿正中，供奉文成公主从长安带来的释迦牟尼12岁时的等身镀金铜像，两侧配殿供奉松赞干布、文成公主和尼泊尔尺尊公主等塑像，庄严无比。

环绕大昭寺内中心的释迦牟尼佛殿的转经回廊一圈称为"囊廓"，环绕大昭寺外墙一圈称为"八廓"，曲曲折折。大小佛殿里供奉着不可数计的黄金佛像和菩萨像，一直延续到大经堂。佛堂呈密闭院落式，楼高四层，中央为大经堂。藏传佛教信徒认为拉萨是世界的中心，而宇宙的核心便在此处。这里是大昭寺僧人诵经修法的场所。宽广的大经堂内的藏式壁画色彩华丽，令人顿生仿佛置身于西藏佛教艺术殿堂之中的感觉。我们一行人充分地享受了礼佛闻法的喜悦。

全团一行人在大经堂内礼佛、献茶、诵经，举行了祈祷法会，大家都无比兴奋激动，不可言表。我们怀着祈祷世界和平以及中国更加繁荣富强、藏区人民生活更加幸福美满的善愿，依依不舍地离开了大昭寺。

午后，我们全团驱车前往最后一个参拜地点，即哲蚌寺。哲蚌寺坐落于拉萨市西郊约十公里处的根培乌孜山南坡的山坳里，海拔3800米，沿山势逐层而建，占地面积约20万平方米。鳞次栉比的白色建筑群依山铺满山

五体投地式礼拜

坡，远远望去好似巨大的米堆，故名哲蚌。"哲蚌"二字，直译为"雪白的大米高高堆聚"，简译为"米聚"，象征繁荣。

1416 年，黄帽派创始人宗喀巴的弟子降央曲吉-扎西班丹创建了哲蚌寺。该寺僧众曾经达到过一万人左右，位居黄帽派四大寺院之首。现在，寺内来自内蒙古的学僧较多，内蒙古地区的喇嘛教源于哲蚌寺。

我们一行人沿着往昔石板铺就的山道向上攀登，越走缺氧现象越发严重。由于哲蚌寺建在山坡上，所以寺内台阶很多，客观上增加了体力的负担。

哲蚌寺殿宇相接，群楼层叠，规模宏大。大法堂，即措钦大殿内的经堂规模宏大，装饰华丽，五光十色。经堂面积约 1800 平方米，共计有 183 根柱子。大殿内的造像，不论正殿或厢殿，都栩栩如生、庄严至极。由于哲蚌寺坐落在市郊山坡上，所以巡礼朝圣者较少。我们周围一同朝拜的藏民信徒沿着台阶轻松地信步而行，而我们却走上两三步就必须深呼吸几次，才能够持续向上攀登。

我们一行人在位于哲蚌寺最顶层的一间房屋里，见到了该寺的洛桑平措长老。长老向我们详细地介绍了西藏的历史以及藏汉民族团结互助的现状，我们同他畅谈了中国佛教界与日本佛教界的友好交流等情况，双方不尽欲言。我们从洛桑平措长老那清癯的身躯和谆谆善诱的言谈中，感悟体会到了长老长年修行问道所积累的坚强信念。与洛桑平措长老的短短一席交谈，给我留下了终身难忘的印象。怀着对长老的无比尊崇和感激之情，我们依依不舍地告别了哲蚌寺。

短短三天的藏地之行，成为我长达五年的中国古寺祖庭献茶巡拜之旅极为精彩的最后一幕。当我离开这块美丽的土地之际，不禁发自内心地虔诚祈祷祝愿该地区永远和平，人民永远幸福。

第二章

柬埔寨纪行

参拜永严寺

平成元年（1989 年），京都佛教协会在京都的东急饭店举行了隆重的集会，欢迎柬埔寨佛教协会及越南佛教协会代表团一行的到来。其后，以两国佛教协会会长为首的代表团，参观游览了关西及北海道等地区，受到了各地极为热烈的欢迎。这次友好交流，揭开了日本与柬埔寨和越南佛教友好交流历史的新篇章。

经过长年的战争洗礼，柬埔寨和越南两国的佛教徒，与发扬民族独立而摆脱战争的民众一道护持法灯常明，终于迎来了幸福而美好的和平环境。日本佛教界能够在京都欢迎远道而来的嘉宾，堪称日本与柬埔寨和越南三国悠久的友好交流史上值得大书特书之事，也是对我们广大日本佛教徒不可估量的巨大鞭策和激励。

我本人作为京都欢迎委员会的一名成员，十分荣幸地见证了这一激动人心的一幕。根据具体承办人员介绍，由于日本与柬埔寨王国两国之间尚未恢复外交关系，所以在邀请柬埔寨王国佛教界代表入境访日的过程中费尽了周折。今天全体代表终于平安地踏上了日本的国土，并于 12 月 2 日在京都成功地举办了欢迎集会，因缘殊胜，可喜可贺。

自从日本与柬埔寨王国的友好往来翻开了崭新的篇章以来，我本人期盼参拜柬埔寨佛教遗迹的愿望愈发强烈。多年来，我一直憧憬参拜柬埔寨的吴哥古迹，但是始终没有如愿。当然，对于佛教徒来说，这是一个理所当然的愿望。但是由于日本与柬埔寨王国之间多年来一直断绝外交关系，两国人的交流往来也陷入了隔绝状态。1989 年开启的日本佛教界与柬埔寨王国佛教界的友好往来，重新点燃了我参拜柬埔寨的长年夙愿。

平成二年（1990 年）3 月 28 日至 4 月 5 日，我终于踏上了巡拜朝礼柬埔寨佛教圣地之旅。这次巡礼给我留下了终生难以忘怀的印象。3 月 28 日，我们一行人首先登上了飞往中转地泰国的班机。

首先，让我们一起来回顾一下柬埔寨王国的历史，以及世代繁衍生息在这片土地上的高棉民族的历史吧。

虽然柬埔寨王国与日本两国相距并不遥远，但是不少日本人对于这个国家却不甚了解，或者可以说一无所知。由东京搭乘飞机大约八个小时，由大阪只需要七个小时就可以抵达。

中世纪，高棉民族的艺术、宗教、文化的发源之地柬埔寨王国是横跨印度洋和南海的强大王国，其国土西起马来半岛西部至尼泊尔东南部，北起泰国中部至老挝的一部分，东起越南中部至交趾（中国西汉至唐代郡名，位于今越南北部红河流域，中国仍然沿用旧称）全境。

其后，柬埔寨王国逐渐遭受西部泰国以及东部越南的掠夺和侵犯，整个国土面积日益缩小。

所以，柬埔寨王国位于突出于由亚洲大陆东南至南海的印度支那半岛的偏西南方向，与泰国、老挝、越南三国接壤，西南方向与暹罗湾相邻，东西宽约560公里，南北长约440公里，国土面积大约为日本的二分之一。

远古时代，柬埔寨为河流的入海口，由于火山爆发以及江河的泥沙堆积，逐渐形成了平原地带。缓慢地流经柬埔寨平原中部偏东地区的河流就是著名的湄公河。湄公河发源于遥远的中国西藏高原，流经中国云南省境内，进而南下横贯老挝、柬埔寨、越南三国而注入南海，全长大约4000余公里。

流经柬埔寨境内的湄公河长约500公里，平均幅宽大约1.5公里。由老挝南部的孔瀑布飞流直下而流入柬埔寨境内的湄公河，流至桔井省后河幅宽度为三至四公里，并分流出数条支流，形成了所谓河中之岛，宛如日本三景之一的松岛，岩礁及浅滩颇多，只能小舟通行。流经这段独特的地理环境之后，湄公河水合而为一，流向柬埔寨首都金边，即原高棉语的"百囊奔"，河流缓慢，船只穿梭往来频繁，一片生机盎然的景象。

流入首都金边后的湄公河在王宫前，与东南亚最大的淡水湖洞里萨湖汇合，分流出巴瑟河。而后湄公河与巴瑟河并行流经沼泽地带，流入越南境内。

每年的雨季和旱季，柬埔寨的降雨量之差竟达到了20倍左右，湄公河水面上涨8到10米。因此，呈带状的河堤上民居密集，而且都是高床式建筑，展现了这个国家独特的气候条件所呈现的奇妙景观。

我们一行人恰值旱季造访柬埔寨，所以这种高床式建筑景观令我们甚感奇妙。

1980年前后，柬埔寨王国全国的统计人口为655万左右，其中90%左右都是信仰虔诚的佛教徒。虽然佛教在社会的方方面面给予柬埔寨王国以极大的影响，但是在红色高棉政权统治的八年期间，大约有300多万无辜的普通民众遭到了残杀。

1989年，首次来访日本的柬埔寨王国佛教代表团全体成员出国之前，都与当时的官方签署了"绝不向外界透露国内佛教界现状"的誓约书。

尽管如此，按捺不住心中怒火的柬埔寨王国佛教代表团团长、大众部狄旺僧王却毫无顾忌地向我们揭露了事情的真相。他说，当年的极权政府残酷地镇压手无寸铁的人民，极力摧毁佛教的残暴行径，令人发指，罄竹难书。

柬埔寨的国家宪法曾经明文规定："佛教为柬埔寨的

国教。"13 世纪，小乘佛教由近邻的泰国传入柬埔寨，形成了势力极为强大的僧团。柬埔寨的所有城市和城镇乡村都建有佛教寺院，由削发剃度而身着黄色袈裟的僧侣住持管理。在柬埔寨，僧侣被视为学问的教师和人生的导师，受到社会各阶层极大的尊崇敬奉，世人都主动地向沿街托钵化缘的僧侣喜舍布施。关于当局政权残酷镇压后的柬埔寨王国佛教界的现状，据柬埔寨王国佛教协会代表团团长、大众部狄旺僧王介绍："当局政权残酷镇压的对象首先指向了前政权的官僚，其次就是医生、教师和僧侣等知识阶层。在当局政权统治时期，大约有3000 余所佛教寺院遭受了破坏，僧侣无一例外地被强制还俗，共有大约 25000 余名僧侣惨遭杀害。佛教主张和平与慈悲，但是在残暴的当局政权统治时期，佛教完全失去了应有的社会地位。"

柬埔寨王国大众部狄旺僧王本人曾经被关进牢房，遭受百般拷打。其后，他逃入原始森林之中，混迹于当地农民之列才得以侥幸活命。韩桑林政权上台以后，柬埔寨王国政府承认并保护宗教信仰自由政策。残暴的当局 1980 年逃离之际，整个柬埔寨的佛教徒仅仅剩下了200 余人，至 1987 年增加到了 1500 余人，现在已经迅速地恢复到了 10000 余人。

3 月 28 日下午 5 点 30 分，我们乘坐的泰国航空公司的班机由大阪机场起飞，经过长达六个小时的飞行到达了泰国首都曼谷。当天，大阪的最高气温为八摄氏度，而曼谷的气温却高达 38 摄氏度，整整相差了三十度，不免令人大吃一惊。

我们在曼谷停留了一宿，第二天乘班机前往下一个中转站越南。班机大约飞行了两个多小时就抵达了昔日南越的西贡，即今天的胡志明市。

由于美苏两国之间的战争，越南国土的大半惨遭破坏，佛教也遭受了严重的摧残。据越南佛教界有关人士介绍："越南国民的 90% 都是佛教徒。在历史上，越南佛教徒不论在何时何地都完完全全地站在广大民众一边，与广大民众同呼吸共命运。越南战争时期，美国占领军对始终与民众采取共同行动的越南佛教徒展开了残酷的镇压，而广大的越南佛教徒不屈不挠、顽强抗争，甚至采取了自焚的手段来抗议美军的镇压暴行。"

胡志明市旧称西贡市，位于远眺湄公河的三角洲地带，盛产许多日本见所未见的南国水果，其中尤以奶苹果闻名，它被称为水果之王。奶苹果那甜蜜爽口的绝妙味道令人回味无穷，难以忘怀。

胡志明市大约有 400 万人口，为越南首屈一指的工商业城市。但是据介绍，目前每年前往该市参观访问的日本游客仅为 500 人左右，并且还大多是采购贩卖木材的商人。听到介绍，我不禁略微担忧起来：越南面积广大的热带雨林，会不会由于日本人的采伐而导致生态失衡呢？

我们一行人住在胡志明市中心的皇宫饭店。年轻人骑着摩托车从早到晚地在大街上飞驰，使整个城市生机盎然。当天晚上，随团同行而来的旅行社陪同中野突然来到我和副团长住宿的房间，颇为惶恐地向我们汇报说："根据刚刚获得的可靠信息，柬埔寨旧政府的残余势力与泰国政府军正在泰国边境展开火力攻击，我们怎么办才好呢？"我听到汇报后毫不犹豫地说："既然已经到了这里，无论如何也要继续前进！只要飞机正常起飞的话，就不会出现特殊意外吧？但是，这个消息暂时不要告诉其他团员！"

第二天，我们全团参拜了位于旧西贡市即胡志明市内的第一大寺永严寺。全团一行首先瞻礼了永严寺寺内的钟楼里悬挂着日本佛教界赠送的"和平之钟"，接着轮流撞钟，祈祷世界和平。

永严寺内的一间僧房里传出了授课的声音。经过我们的请求，获得许可参观了寺内僧侣的课堂。60 多位僧侣坐在一间教室里，其中一半为 20 岁左右的年轻僧侣，他们那聚精会神地吸收知识的目光炯炯有神。从他们刻苦学习的身影上，我看到了越南佛教的光明未来。等到这一批越南佛教未来的栋梁走出教室之际，我们必将看到越南佛教出现一派崭新的气象。怀着无限的期待，我们一行人结束了在永严寺的参拜交流活动。

位于胡志明市内的永严寺

第二天，也就是 31 日，我们收到了飞机按原定时间起飞的捷报，我那颗一直悬而不定的心终于落了下来。7点左右，我们匆匆地用过早餐就赶往机场了。

虽然是清晨，但是机场里却挤满了人群，显得热闹异常。身着越南特有的民族服装"奥黛"的年轻女性的婀娜身影尤为引人注目，给整个机场内带来了清新的活力。等待了大约两个小时之后，我们终于登上了飞机，令我们大家甚为吃惊的是，虽然是我们一行人专门预定的包机，但是却上来了一对法国夫妇和一位身着奥黛的年轻女性。据介绍，根据有关规定，包机必须坐满 15 人才可以起飞。我们全团共 12 人，加上法国夫妇，另外一位就是受旅行社派遣陪同我们一同前往目的地的女导游。

永严寺佛学院的青年僧侣

一切准备停当，包机终于按时顺利地起飞了。

我们乘坐的包机由胡志明市机场出发，大约飞行了40分钟以后就降落在了期盼已久的柬埔寨首都的金边机场。进入候机大厅以后，我们全团都不禁大吃一惊，只见整个大厅空空荡荡，几乎见不到几个人影，与人山人海、熙熙攘攘的胡志明市机场形成了极为强烈的反差。

我们一行人来到了设在一栋极为华丽的建筑物内的出入境管理办事处，这栋建筑物上也残留着战争的累累伤痕。正当我们左右张望、不知所措之际，迎面走来了三位妇女。她们三位鬓角上插着鲜花、赤着双脚，经介绍得知是负责接待我们的翻译。遗憾的是这三位并不是日语翻译，而是英语翻译，所以我们只能通过随团同行的日本旅行社的中野先生用英语来沟通。入国审查手续极为严格，我们的周围站满了荷枪实弹的武装人员，戒备森严。看到眼前这幅光景，我们不禁想起几天前刚刚发生过的柬泰边界上的武力交火事件。

吴哥古迹游

目睹了残留着战争累累伤痕的金边机场之后，我们一行人乘坐旅游车向金边市内进发。沿途的南国风景与越南几乎毫无二致，但是人们的面部表情却显得略微灰暗，这就是长年的内战留给人民的难以磨灭的创伤吧。从表面上看，金边市内气氛平静，但是不知什么时候内战之火就会死灰复燃，所以民众的疲惫身心难以歇息，战争创伤难以平复。

但是，柬埔寨的山山水水却展开了那博大的胸怀，迎接着来访的海内外的友朋嘉宾。那湛蓝清澈的湖水、那郁郁葱葱的热带森林、那淳朴善良的民众，所有的一切都热情满怀地迎接着我们。

柬埔寨首都金边市内的建筑古色古香，明显可见往昔古都的容貌，然而到处都残留着内战的累累弹痕。在古老的建筑物之间，充满着现代风格的楼群正在拔地而起，令人感受到了现代化的气息。

我们一行人被安排在市内的贡布酒店。虽说是酒店，但是房间内除了一张床之外没有任何其他物品。房间里没有空调设备，室内温度高达40度以上。虽然盥洗室内设置了淋浴设备，但是缓缓流出的只有浑浊且不冷不热的水流，这就是内战留下的后遗症吧。几只偌大的壁虎在高大的房间顶棚上爬来爬去，时而发出怪叫声，令人哑口无言。全体团员熬过了艰难的一夜，迎来了清晨。我终于实现了参拜展现着辉煌的高棉文化的吴哥古迹的夙愿。

在茫茫无际的原始森林中开辟出来的平地上，由上万块巨石堆砌而成的佛殿，仿佛在向我们倾诉着难以用语言来表达的民众强烈的宗教信仰和狂热的创造力。当我的双脚刚一踏上吴哥古迹群时，我就被那超越了人类想象能力的巨石建筑物所吸引，进而震惊。啊，我终于来到了魂牵梦绕的吴哥古迹！

为了更好地理解吴哥古迹，让我们共同回顾一下中世纪柬埔寨的王族与民众的历史吧。

前来吴哥古迹的参拜者们目睹眼前的壮观景色，一定都会抱有不少疑问：究竟是什么人在这里建造了这个古迹？在古都繁荣昌盛的时代，王族和一般民众究竟过着什么样的生活？当时的政治、经济、社会制度究竟如何等等。

解答上述疑问，需要了解一份珍贵的历史资料，即周达观撰著的见闻录《真腊风土记》。元成宗元贞元年（1295 年），中国浙江温州人周达观奉命随使团前往真腊。周达观逗留约一年后，于 1296 年 7 月回到中国，回国后以游记形式创作了《真腊风土记》。

《真腊风土记》全书约 8500 字。书中详尽地记述了13 世纪末位于柬埔寨地区的古国真腊的历史地理、都城布局、王宫风貌、风俗习惯、产业结构、生活习惯等。书中还描绘了真腊国都吴哥城的建筑和雕刻艺术。卷首为"总叙"，其他内容分为四十则：城郭、宫室、服饰、官属、三教、人物、产妇、室女、奴婢、语言、野人、文字、正朔时序、争讼、病癞、死亡、耕种、山川、出产、贸易、欲得唐货、草木、飞鸟、走兽、蔬菜、鱼龙、酝酿、盐醋酱麹、桑蚕、器用、车轿、舟楫、属郡、村落、取胆、异事、澡浴、流寓、军马、国主出入。

下面，简略地介绍一下《真腊风土记》的主要部分，以便进一步详细地了解往昔的真腊国都吴哥的景观风貌，比如"城郭"一则记述：

> 州城周围可二十里，有五门，门各两重。惟东向开二门，餘向皆一门。城之外巨濠，濠之外皆通衢大桥。桥之两旁各有石神五十四枚，如石将军之状，甚巨而狞。五门皆相似。桥之阑皆石为之，凿为蛇形，蛇皆九头，五十四神皆以手拔蛇，有不容

其走逸之势。城门之上有大石佛头五，面向西方。中置其一，饰之以金。门之两旁，凿石为象形。城皆叠石为之，可二丈，石甚周密坚固，且不生繁草，却无女墙。城之上，间或种桄榔木，比比皆空屋。其内向如坡子，厚可十余丈。坡上皆有大门，夜闭早开。亦有监门者，惟狗不许入门。其城甚方整，四方各有石塔一座，曾受斩趾刑人亦不许入门。当国之中，有金塔一座。旁有石塔二十余座；石屋百余间；东向金桥一所；金狮子二枚，列于桥之左右；金佛八身，列于石屋之下。金塔至北可一里许，有铜塔一座。比金塔更高，望之郁然，其下亦有石屋十数间。又其北一里许，则国主之庐也。其寝室又有金塔一座焉，所以舶商自来有富贵真腊之褒者，想为此也。石塔出南门外半里余，俗传鲁班一夜造成鲁班墓。在南门外一里许，周围可十里，石屋数百间。东池在城东十里，周围可百里。中有石塔、石屋，塔之中有卧铜佛一身，脐中常有水流出。北池在城北五里，中有金方塔一座，石屋数十间，金狮子、金佛、铜象、铜牛、铜马之属皆有之。

周达观详尽地描述了都城城郭和王宫壮观至极的景观，以及不为外界民众知晓的"宫室"生活：

国宫及官舍府第皆面东。国宫在金塔、金桥之北，近门，周围可五六里。其正室之瓦以铅为之，馀皆土瓦。黄色桥柱甚巨，皆雕画佛形。屋头壮观，修廊复道，突兀参差，稍有规模。其莅事处有金棂，左右方柱上有镜，约有四五十面，列放于窗之旁。其下为象形。闻内中多有奇处，防禁甚严，不可得而见也。其内中金塔，国主夜则卧其上。土人皆谓塔之中有九头蛇精，乃一国之土地主也，系女身。每夜（则）见国主，则先与之同寝交媾，虽其妻亦不敢入。二鼓乃出，方可与妻妾同睡。若此精一夜不见，则番王死期至矣；若番王一夜不往，则必获灾祸。其次如国戚大臣等屋，制度广袤，与常人家迥别。周围皆用草盖，独家庙及正寝二处许用瓦。亦各随其官之等级，以为屋室广狭之制。其下如百姓之家止草盖，瓦片不敢上屋。其广狭虽随家之贫富，然终不敢效府第制度也。

国主出入之际，诸军马拥其前，旗帜鼓乐踵其后。宫女三五百，花布花髻，手执巨烛，自成一队，虽白日亦照烛。又有宫女，皆执内中金银器皿及文饰之具，制度迥别，不知其何所用。又有宫女，执摽枪摽牌为内兵，又成一队。又有羊车、马车，皆以金为饰。其诸臣僚国戚，皆骑象在前。远望红凉伞，不计其数。又其次则国主之妻及妾媵，或轿或车，或马或象，其销金凉伞何止百余。其后则是国主，立于象上，手持宝剑。象之牙亦以金套之。打销金白凉伞，凡二十余柄，其伞柄皆金为之。其四围拥簇之象甚多，又有军马护之。若游近处，止用金轿子，皆以宫女抬之。大凡出入，必迎小金塔，金佛在其前，观者皆当跪地顶礼，名为三罢。不然则为貌事者所擒，不需释也。

通过以上简要的记述，也足以揭示集巨大权势于一身的真腊国王至高无上的地位。此外，我们还可以了解到历代国王严守戒律，作为尊重自身制定的法律与存在于民众之间习俗的国君，并非实施暴政的昏君。

为了进一步理解吴哥古迹的全貌，我们还有必要简述一下中世纪柬埔寨的宗教发展史。在中世纪的柬埔寨地区，广泛地盛行由印度传入的两大宗教，即印度教和佛教。

当然，由于在位国君的信仰属性，客观地决定了印度教和佛教这两大宗教势力的消长，但是在中世纪的柬埔寨地区，这两种宗教势力并非处于互相对立状态，而基本上属于共存的关系。大乘佛教甚至还吸收融合了印度教的诸神。身为印度社会最高阶层的婆罗门凭借"祭祀万能"的神圣职权，企图将圣典占为己有，而印度教则向社会各阶层传播弘扬自身的教义，并在历史长河中将印度各地的民间信仰融入婆罗门教的教理教义之中，进而日趋复杂繁琐。印度教自公元一世纪前后传入东南亚各国。

印度教的宗旨主张：毗湿奴、湿婆和梵天三神代表宇宙，都是至高无上之神，都是造物主，此三神统治无数神祇，属于典型的多神教。印度教的诸神之法力，经常现身为女性之身，被视为诸神之妻。

梵天是广受崇拜的大神，为宇宙的创造之神、语言之神。梵天之妻娑罗室伐底为学问、艺术、音乐、雄辩之神；印度教融入大乘佛教之后称之为"辩才天"，是七福神中唯一的女神。辩才天俗称福德自在神，在日本也广受信仰和崇拜。

毗湿奴既是宇宙的创造之神，也是宇宙的保护之神。中世纪以后，毗湿奴神逐渐广为信仰。毗湿奴之妻吉祥天女，是美貌和幸运女神。

湿婆既是宇宙的破坏之神，也是宇宙的创生之神，受到最为广泛的信仰崇拜。湿婆神的法力为男性的法力，所以妻子众多，比如"难近母"杜尔迦、"大黑女"迦梨、"善意女"乌玛、"雪山神女"帕尔瓦蒂等。

在中世纪的柬埔寨，以佛教与印度教，尤其是大乘佛教为主要信仰对象，至12世纪达到鼎盛时期。自13世纪，小乘佛教由泰国传入柬埔寨，一直持续到今日。在中世纪大乘佛教中，尤以观音菩萨最受信仰崇拜，此外般若波罗蜜多菩萨也广受信仰崇拜。在柬埔寨，观音菩萨现男身，而般若波罗蜜多菩萨则现女身。

吴哥古迹数量繁多的大大小小的遗迹，基本上都是神殿、寺院、僧院等宗教设施。其他如王宫、桥梁、水池等非宗教性建筑物也都含有祈求神佛加护之意，带有不同程度的宗教色彩。

4月1日上午7点30分，我们一行人乘坐的双引擎飞机离开金边机场，向着直线距离大约250公里的暹粒机场飞去。起飞不久，飞机由市区上空沿着洞里萨湖北上，然后飞过旧国都乌东王陵所在的山峰，经由南蛮土陶器产地的古城后出现在太湖的上空，然后继续在黄褐色的湖面上飞行。我们原来曾期待，飞机降落在暹粒机场之前会在吴哥古迹上空低空盘旋一周，但是未能如愿以偿。据介绍，由于内战的原因，早已取消了这一服务项目。

据当地导游介绍，如果详细地巡礼朝拜吴哥古迹的大小共百余所遗迹，至少需要十几天。但是，紧迫的日程留给我们全团的时间只有一天。此外，由于不知何时机场会由于紧急情况而封闭，所以必须赶在机场开放期间，做好随时登机出国的思想和行动准备。

经过与当地导游的仔细协商，我们最后决定参拜两个具有代表性的遗迹，即大吴哥城（Angkor Thom）和吴哥窟。

大吴哥城又称通王城，是当年吴哥王朝的首都，为东南亚历史上最宏伟的都城，鼎盛时人口达上百万。多次毁于战火，后几经重修，最终在 1426 年被废弃。吴哥（Angkor）一语源于梵文，为"城市"或"国家"之意；"Thom"是形容词，柬埔寨语"巨大"的意思。因此，"大吴哥城"就是"巨大城邦"之意。柬埔寨人一般称"吴哥窟"为"小吴哥"。大吴哥城是真腊王国吴哥王朝的国都，由 1181 年登基的加亚华尔曼七世所创建。这位加亚华尔曼国王笃信佛教，他所创建的吴哥都城遗址紧邻小吴哥，是一座被长达 12 公里的城池所包围的巨大城市。

我们一行人由暹粒市内乘坐小型旅游车，经由吴哥窟宏伟的寺院建筑群，继续向前行驶了大约一公里左右就到达了大吴哥城的南门。吴哥都城由边长 3 公里、高约 8 米的红土及砂岩堆砌而成的城墙与护城河环绕，占地面积大约 9 平方公里的都城中央，有依据须弥山理念建立的壮观的巴戎庙，又称拜云寺、空中宫殿，即皇宫中的神庙、皇宫、斗象台、癞王台等等。城内精美壮观的遗迹不可胜数。当我踏入都城之后，不禁为眼前目不暇接、远远地超越了人类想象力的巨石建筑物所震撼，难以按捺住胸中的激动感叹之情。

然而，令人甚为遗憾的是，具有上千年历史的吴哥古迹群如今正面临着毁坏的边缘。石壁上到处弹痕累累，加之残酷无情的大自然也大施淫威。热带雨林特有的参天大树，藤蔓密布，高大的榕树和木棉树四处伸延的树根或伸向屋顶或缠上梁柱，如同蟒蛇般把那些巨大而精美的石刻雕像层层缠绕，盘根错节，展现了近千年来人类与大自然顽强搏斗的鲜明伤痕。如今，这种顽强的搏斗仍然在无声无响地持续不止。如果不亲临现场，就绝不会体验到这种难以言表、远超想象的神秘而怪异的强烈感觉。

吴哥都城设计建造了五道巨大的城门，除了东西南北四个正方向处各开有城门外，在东门的北面还开了一座胜利之门，或称凯旋之门。南门和北门是百姓日常同行之门，东门为出丧使用，西门专供犯罪者通行。东北侧的胜利门直通王宫，专供国王使用。我们一行人从吴哥窟前穿过，由南大门进入了城内。南大门城门高达23米，上方为巨大的四面佛像，面露安详的微笑，是吴哥古迹标志性建筑之一。南门左侧有54尊诸善神雕像，右侧则是54尊面目狰狞的诸恶神，即阿修罗雕像。

进入南门以后，耸立在大吴哥城中央的就是巴戎庙，又称拜云寺。巴戎庙正门朝向东方而建，迎接日出，象征新生与希望。加亚华尔曼七世用极短的时间建造了由54座大大小小的宝塔构成的塔林——巴戎庙。加亚华尔曼七世平素最为崇拜信仰的观音菩萨巨大的四面像雕刻于高高耸立的宝塔之上。

吴哥窟巴戎庙

观音菩萨的面相石雕共有196面，中心的宝塔高达45米。

塔下回廊环绕，回廊上绘满密密麻麻的浮雕，向人们展示着当时的贵族和民众的实际日常生活，并如实地描绘着加亚华尔曼七世驱使军队与敌人英勇奋战的激烈场面。回廊的石柱上还雕刻着无数展现着翩翩起舞的天女的精美图像。

令人甚为遗憾的是，这些精美无比的回廊石柱或倒塌、或倾斜、或残缺，几个荷枪实弹的士兵正坐在歪倒下来的回廊石柱上歇息。这几位士兵的年龄仿佛十六七岁到二十岁，想到这些尚还年幼的青少年为了祖国的和平事业而夜以继日地奔赴在战场，不禁令人心中一阵阵绞痛。当我邀请这些士兵一同拍照时，他们每个人都无动于衷，这些年轻的祖国卫士可能过于劳累了吧？

巴戎庙内巨大的观音菩萨四面像，被称为慈祥无比、栩栩如生的"高棉微笑"。当我静静地伫立在充满庄严而慈祥的面容的巨大观音菩萨像下，感觉到了一种不可思议的心灵震撼。我们全体团员在观音菩萨像前唱诵了《般若心经》一卷，奉献了一杯清茶，而后各自饮用一杯，将终生难忘的感动永远地留在了胸中。置身于吴哥都城，我不禁暗自思忖：为什么出自吴哥古迹群千年废墟的寂静之美，与日本木结构建筑的荒废之美等观念迥然相异，仿佛置身于另外一个世界呢？

据有关历史资料记载，12 世纪末至 13 世纪初，加亚华尔曼七世赶走了占领了祖国的邻族占婆人，夺回了沦陷的首都吴哥。为了纪念正义战争的胜利，他将原来规模较小的巴戎庙扩建成了规模巨大的皇家寺庙，以祈祷世代永久和平。

巴戎庙回廊上雕刻着的密密麻麻的浮雕，整面浮雕墙生动描绘了那场可歌可泣战役的历史。东侧南段的浮雕是短发并身着缠腰布、手持长矛的高棉军队，下方雕有蓄胡须并身着长袍的中国战士。南侧东段外墙被誉为巴戎庙最为美丽的浮雕，描绘着高棉人与占婆人在洞里萨湖的水战场面，下方则描绘着高棉百姓的日常生活，从集市上可以看到宋朝商人的身影，表明吴哥与中国之间早已存在着通商往来关系。

吴哥与日本

结束参拜大吴哥城以后，我们全团首先返回暹粒市内用午餐。据导游介绍，安排我们去市内一家最高级的餐厅进餐。听到导游的介绍后，团里几个喜欢喝酒的人顿时兴高采烈地手舞足蹈起来，期待着喝到冰镇啤酒，解除暑气。根据以往的国外旅行经验，我不由得给他们几个人吹起了冷风。果然，我们最终还是用温热的啤酒庆祝了参拜大吴哥城日程圆满结束。

午餐的菜以水煮蔬菜为主，主菜是蒸鱼。看到盘子中这条奇形怪状的大鱼，大家都不想伸出筷子了。鱼身基本上和鱼尾宽度相同，令人联想到了罕见的活化石腔棘鱼。看到这么丰盛的一道主菜没有人问津，我不禁带头伸出筷子品尝起来。鱼肉十分柔软细腻，我蘸着芳香气味十足的汤汁，大口大口地吃了起来，一转眼半个鱼身都基本上让我一个人享用了。万万没有想到，我的"贪嘴"竟然导致了悲惨的后果。当天晚上，我被浑身出现的荨麻疹病症折磨得难以入眠。荨麻疹引发的难以忍受的瘙痒持续折磨了我一周之久，这段旅途中小小的插曲使我经受了一次人生难忘的体验。

午餐后，我们全团前往参拜久负盛名的吴哥窟。历史上，吴哥遗迹也曾经发生过不少次变迁。1353 年和 1394 年间，暹罗王朝曾先后两次进犯真腊国都吴哥，豪华壮观至极的吴哥都城遭受了严重的破坏，几乎沦为废墟。1434 年，真腊迁都金边，吴哥窟终于被高棉人遗弃了。其后，吴哥遗迹经常沦为战场，曾经神圣无比的寺院被残暴地拆毁，巨大的石块被拆卸下来运走，用于构筑阵地。此外，吴哥遗迹一带盗贼出没，无情地盗走了大量的珍贵文物，同时森林逐渐覆盖了漫无人烟的吴哥遗迹。

然而，根据曾经于 16 世纪造访过吴哥遗迹的西班牙传教士遗留的有关记载可以了解到，当时吴哥窟还曾作为宗教信仰的中心发挥着些许作用。

值得提及的是，17 世纪初至少曾经有两位日本人造访过吴哥遗迹。其中一位是奉德川幕府第三代将军德川家光之命来到柬埔寨的长崎的大通事，即幕府的专职翻译岛野兼了。岛野兼了向幕府提出的报告书现保存在水户彰考馆。这份报告内容披露，当时岛野兼了将吴哥窟误认为印度的祇园精舍，详细地描绘了吴哥窟的全貌图。

另外一位是旧称肥前国的武士森本右近太夫一房。森本右近太夫一房不仅参拜朝礼了吴哥窟，还在吴哥窟遗迹上留下了墨迹。根据以上两个日本人留下的文字记录，我们可以知道当时的吴哥窟还发挥着寺院的社会功能。

　　但是，从 17 世纪中后期至 18 世纪初期，吴哥窟逐渐沦为废墟。被风沙裹挟而来的巨木种子在石缝之间发芽生根，迅速繁衍而使石造的巨大寺院惨遭毁坏，往昔华丽壮观、香火鼎盛的吴哥窟完全湮没在热带雨林之中，被世间逐渐地忘却了。

　　19 世纪中期，吴哥窟再次引起了世间的注目。1859 年，法国生物学家亨利·穆奥从法国经由暹罗前往柬埔寨。1860 年，亨利·穆奥发现了深深地湮没在茂密的热带雨林中的吴哥遗迹。亨利·穆奥于 1873 年在巴黎出版的《暹罗柬埔寨老挝诸王国旅行记》一书中介绍：

　　　　"远处一望无际的森林中，耸立着带有圆形屋顶或由五座塔林构成的巨大柱廊……无边无际的湛蓝天空下，万籁俱寂的墨绿色热带雨林的映衬下，美丽而庄重的塔群建筑挺拔的曲线霍然跃入眼帘，建筑独特，无与伦比，超绝非凡。吴哥窟那巨大无比的轮廓宛如一个庞大种族的合葬墓冢。"

　　其后，由于一浪高过一浪的探险热潮，吴哥窟附近的遗迹一个接一个地被发现了。经过陆续前来考察发掘的专家学者的调查研究，吴哥窟的真容逐渐地展露在世人的面前。柬埔寨独立后，有关吴哥窟的调查研究一直在持续。令人万分遗憾的是，由于现在内战的干扰，持续多年的调查研究被迫中断了。毫无疑问，吴哥遗迹的崩坏程度毫不留情地不断扩大和加剧。因此，如果柬埔寨的持久和平得不到实现，即使联合国有关机构着手制订了一系列修复计划，最终还是会得不到具体实施。

暹粒市的最高气温超过了40摄氏度，所以遍布遗迹各地的石板路面的辐射热度理应超过四十五摄氏度。但是，罕见的高温天气并没有丝毫削弱我们一行憧憬已久的强烈愿望。马上，我们就要踏入吴哥窟这片伟大而令人肃然起敬的圣地了。

当我的双脚刚一踏上这片圣土之际，头脑中自然而然地浮现出一连串极为朴素的疑问。究竟是什么人，出于什么目的，如何建造了这堪称亚洲金字塔的伟大建筑呢？迄今为止，根据法国专家学者的不断考察研究可以认定，吴哥窟是由12世纪初期的国王苏耶跋摩二世发愿创建的。

午后一点，我们全团来到了吴哥窟的正面大道，终于揭开了这次前来柬埔寨的最为重要日程的帷幕。当你伫立在吴哥窟前，马上就可以察觉这座巨大建筑是朝西建造的。然而吴哥遗迹的其他建筑都是朝东而建，只有吴哥窟例外。这是因为吴哥窟本来是为了举行丧葬仪式而建造的寺院。苏耶跋摩二世为了祈愿自身后世的冥福，发愿向毗湿奴神奉祀了世界最大的寺院——吴哥窟，并

吴哥窟遗迹与参天古木

命令自己的属下在吴哥窟举行自身的丧葬仪式。因此，可以认为吴哥窟内建筑物上的雕刻，除了一部分以外，其余都是苏耶跋摩二世在世期间竣工的。据推断，建筑年代当为 1113 年至 1152 年。

那么，究竟是谁精密地设计了如此巨大的建筑？究竟从什么地方搬运来了如此大量的巨石，然后加以分类切割，进而建造了如此宏伟壮观的吴哥窟呢？迄今为止，世界上的专家学者虽然绞尽脑汁调查和研究，却并没有得出一个令人满意的答案。

不少传说这样描述：当时的国王被视为天神，所以可以动用法力，不费吹灰之力就可以将巨大的石块垒成庙宇和回廊，可以如同在黏土上加工雕刻一样，制作出如此精美而壮观的雕像。虽然这一民间传说的内容可以完全不予采信，但是这一民间传说本身就蕴含着不可思议之谜。

近千年以来，吴哥窟巍然地耸立在热带雨林之中。正面主干道铺设着长长的石板路，从入口处到大门长达190米，从大门到正殿长达350米，总长540米，路宽12米左右。大道两侧设有一米高蛇形浮雕扶手栏杆，七头蛇扬起镰刀形的脖子，造型优美而奇特。

我们通过正面主干道抵达西门。西门中央建有三座佛塔，其形状与正殿形状相同，佛塔顶部略微破损。穿过西门后踏上第二条主干道，第二条主干道一直通向深处的正殿。沿着这条主干道前进350米后，眼前出现了石板台阶。在主干道长度四分之三的地段，建有左右对称的石造经藏，其中左侧的经藏上留有刚才提到的森本右近太夫一房书写的墨迹。

我们一行人进入了正殿。正殿内分为第一回廊和第二回廊，两条回廊由三条中廊相连。中廊下放置着无数佛像，既有立像，也有坐像，既有坐在盘成一团的蛇身上的佛像，也有无首断臂甚至整个上半身都无影无踪的佛像，令人惨不忍睹。

这些佛像称为"普利亚·波安"，即柬埔寨语"千体佛"之意。不仅外来的参拜香客，还有不少当地的民众在千体佛前烧香礼拜，回廊中佛香缭绕。我们向千体

吴哥窟全景

佛敬献了香茶一盏，唱诵《般若心经》一卷，礼佛回
向。

诵经之后，我看到对面右侧的第二根石柱南面台基
大约两米高的位置上有一片墨迹，上前仔细一看，没有
想到竟然是日本人留下的字迹。亲眼目睹眼前的情景，
不禁令人大为吃惊，感动异常。由于岁月时光的侵蚀，
虽然有几处字迹已经较难辨认，但是可以判明一共十二行
字迹，记载了如下内容：

　　宽永九年正月初而此所来

　　　生国日本肥州之住人藤原之朝臣森本右近太夫

　　一房

御堂心为千里之海上渡

一念之仪念生生世世娑婆寿世之思清者也为

为其佛像四体立奉者也

摄州津池田之住人森本仪太夫

右实名一吉善魂道仙士为娑婆

是书物也

尾州之国名谷之都后室其

老母亡魂明信大姊为后世是

是书物也

宽永九年正月卅日

　　此外，经藏入口左侧的室壁上，也残留着与上述内
容相同的文字。

　　综合上述两处的文字，大致可以解读为如下内容：
宽永九年（1632 年）正月三十日，肥州（肥前）人藤原
朝臣森本右近太夫一房，千里迢迢渡海来到此地，为祈
祷家父森本仪太夫冥福，以及家母后世安稳，奉献佛像
四尊。

　　森本右近太夫一房的父亲森本仪太夫，为江户时代
前期的著名武将加藤清正的重臣，曾随军出征朝鲜。因
此，其次子森本右近太夫一房原为加藤清正手下的"浪
人"，即流浪武士，后来还曾侍奉过肥前国松浦藩的藩
主。

当年，森本右近太夫一房为了祈祷先考冥福，以及年事已高的老母亲后世平安吉祥，不远千里来到了当时的"南天竺"，即现在的柬埔寨一带，在被视为印度的祇园精舍吴哥窟回廊的石柱上留下了上述墨迹。极具戏剧性的是，宽永八年，即森本右近太夫一房抵达吴哥窟的前一年，他曾经为之效尽犬马之劳的加藤家走向了灭亡。

后世的松浦藩的藩主松浦静山所撰《甲子夜话》记载："清正之臣森本仪太夫之子称宇右卫门。此人曾渡明国，后由明国往天竺（略）。由天竺登檀特山，游览祇园精舍，自作祇园精舍大伽蓝图记，携而归来。"据此可知，松浦静山也将吴哥窟的大寺院误认为是祇园精舍的大伽蓝。

吴哥窟的大寺院建成 480 年后，即距今 350 年前，日本人不仅在这里留下了足迹，而且还留下了墨迹。想到这一历史事实，我不禁对眼前的一切产生了更加浓厚的兴趣。

我们终于开始向吴哥窟中央神殿攀登。登上神殿，需要由第二回廊攀登高约 13 米的陡峭石阶。下午 2 点过后，我们终于到达了顶层。当时气温高达五十度左右，想到自己正在经历人生从未体验过的高温气候，不禁神志恍然。我们团的几位团员由于难以忍受高温和辛劳，中途放弃登顶，返回了第二回廊。令人感到万幸的是，中间石阶两边设有铁制栏杆，我们借助栏杆终于登上了顶层。

中央神殿以高高耸立的中央神塔为中心，周围环绕着四座神塔，四座神塔以回廊相连。中央神塔边长60米，由塔基算起高达42米，如果由入口处的道路算起，高达65米。站在最上层的第三回廊，第二回廊、第一回廊、经藏等建筑可以尽收眼底。只见眼下的参拜大道宛如一条白色的裙带连通大门，大门的远方可以望见无边无际的热带原始雨林，宛如碧绿的树海，蔚为壮观。

简而言之，吴哥窟给我留下了终生难忘的深刻印象，短短篇幅，不尽欲言。我们一行人怀着无限留恋的心情踏上了归途。

我们搭乘的班机飞离了暹粒国际机场。透过舷窗俯瞰下方，联想在这一望无际的热带原始雨林之中还湮没着上百所遗迹，并且都在刻不容缓地亟待修复，我的心头不禁为之一震，于是双手合十，默默祈祷和平之日更早地到来。

第二天，按原定计划参观金边市。我们全团首先径直前往位于王宫北面约200米处洞里萨河边的乌那隆寺。该寺建于1443年，至今已有560余年的历史。乌那隆寺是金边规模最大、最著名的寺院，是柬埔寨佛教摩哈尼伽派僧王主持的佛寺。战争结束之后，乌那隆寺最早得到了修复，恢复了往昔庄严而秀丽的容貌。

时隔四个月后，我再次拜见僧王，感到无比亲切。

僧王精神饱满，与我们全团一同诵经，祈祷旅途平安，六时吉祥。僧王的身后跟随着几位僧人，一同参加了诵经仪式，其中一位僧人突然开口自我介绍道："我是日本人！"身在异国他乡，听到从身着异国袈裟的僧人口中冒出来的这句地地道道的日语，我们都大吃一惊。

据介绍，这位僧人名叫涩井修，东京人。他在泰国出家之后，三个月前来到金边，正在准备开设日语讲座。据说，柬埔寨外交部里几乎没有会讲日语的外交官，所以对他寄予着极大的期望。这位青年刚满 27 岁，我期望他注意健康，在这片新的天地里有所作为。分别之际，我把从全体团员手中募集来的捐款委托给他，请他代表我们捐赠给金边市孤儿院。

满载着对这片广袤而美丽大地的无数美好的回忆，我们离开了柬埔寨。

平成七年（1995 年）6 月，我作为京都佛教会访问柬埔寨代表团的一员，再次踏上了这片令人思念不已的土地。时隔五年，整个金边都发生了翻天覆地的变化。我们代表团此行的最大目的，是应邀列席柬埔寨佛学院的落成庆典。我们上次邂逅的涩井修法师已经如鱼得水，始终活跃在佛学院的筹建以及落成庆典仪式中。僧王精神焕发，特意亲自前来迎接我们。

我们京都佛教会，在日本真言宗高野山金刚峰寺及其他各有关团体的支持和协助下，终于实现了兴建柬埔寨佛学院的夙愿。此外，经过涩井修法师的多方斡旋和努力，佛学院内开设了日语讲座，这是一件值得无比欢喜之事。京都佛教会在京都地区发动民众为柬埔寨少年儿童募捐学习用品。承蒙日本航空公司的支持，免费将募捐的四十箱学习用品免费送到了目的地。

我们由衷地期待：不久的将来，首届从佛学院毕业的 180 名僧人，将成为活跃在柬埔寨佛教界的主力。

第三章

泰国朝拜记

泰国文化考

1991 年 12 月，相国寺泰国佛教遗迹参拜团前往泰国，实现了我们参观巡拜曼谷、清迈和素可泰等地的夙愿。

众所周知，泰国与日本交流往来的历史源远流长。泰国国民的90%以上为佛教徒，佛教被奉为国教。日本和泰国这两个国家一直保持着极为亲密的友好往来关系，这种关系已经维系了六百余年。近代以后，日本与泰国建立了正式外交关系，两国政府和人民的友好往来关系已经度过了长达百年的漫长岁月。

在日本的桃山时代（1573～1603 年）和江户时代（1603～1868 年）初期，不可胜数的陶瓷器皿从东南亚运送到日本，被冠以"安南"、"宋胡录"、"曾古泰"、"交趾"等名称，广受日本茶人喜爱。所谓"安南"就是今天的越南一带，"交趾"为今天的印度尼西亚，"宋胡录"和"曾古泰"就是今天的泰国，然而这些称呼在往昔并没有加以详细区分。泰国陶艺最初深受中国文化

宋胡录　鸟摘香盒

的影响，后来开始生产独具本国艺术风格的陶瓷器，进
而成为东南亚国家中能够独自生产陶瓷器皿的为数有限
的几个国家之一。

我们此次参观巡拜的主要目的，就是希望亲眼见证
一下那些与日泰交流往来历史有关的遗迹。

据有关历史资料记载，泰国（旧称暹罗）拉曼卡曼
国王曾于 1294 年和 1300 年两次访问元大都，并带回陶
工传授中国制陶工艺，从此揭开了泰国陶瓷器皿制作生
产的历史帷幕。当年的窑厂分布在素可泰、卡隆、宋加
洛、西萨查那莱、讪甘烹等地。

在日本茶道历史上，产于宋加洛素称"宋胡录"的
茶具较为闻名，其中尤以"宋胡录柿香盒"久享盛名。

由于此类香盒形状与泰国特产芒果相似，并近似日本产的柿子，所以久而久之被称为"柿香盒"，极受茶人喜爱和珍重。江户末年的诸侯、著名茶人松平不昧也酷爱这种"柿香盒"，可见于其茶具名品目录。此外，碗盘底用铁砂绘有大鱼鱼纹的大盘也较为有名，以"曾古泰"之名广为人知。

然而，日本茶道界尽人皆知的东南亚陶瓷器皿应该首推"安南手染"。这种手工绘制的染色渗透流布之处，宛如手工"扎染"工艺的艺术效果一样，因此茶人亲切地称其为"手染"。在茶道界，尤以绘制有蜻蜓图案的"蜻蜓手"深受茶人的钟爱。此外，"安南手染"中还有山水及花鸟等图案的制品，据有关专家考证，此类陶瓷器皿皆为日本茶人专门订购的制品，越南也是主要产地之一。

众所周知，泰国国民的90%以上皆为佛教徒，这可以说是泰国文化的一大特色，因此泰国的佛教美术也独具特色。但是，我们日本人当中究竟有多少人对东南亚各国的文化乃至艺术抱有兴趣，并具有一定程度的理解呢？我认为可以深为遗憾地说不仅人数极少，而且其理解程度也甚为肤浅。

提起泰国，一般的日本人首先会想到尖尖的佛塔，以及身着华丽服饰而留着长指甲翩翩起舞的泰国舞蹈艺术家，还有清晨可以看到的充满浓郁民族气息的水上农贸市场。除此之外，我们还不能忘记作为泰国"日人街"头领、被称为"六昆王"的山田长政。山田长政后来被当地泰人毒杀，在异国他乡结束了充满波澜起伏的传奇人生。

我个人认为，泰国与日本在各方面都有着许许多多日本人尚不知晓的共同点。例如，由湄南河孕育起来的泰国农耕社会的社会结构，与曾经为单一农业国家的日本有不少相似之处。寻找和探讨日本水稻栽培的历史源流，这是考古学家、民俗学家以及农学家的一个重要研究课题。日本的有关领域的专家学者们尝试寻找和探讨日本弥生时代农耕技术的传播者以及其传播途径时，经常以东南亚地区的农耕社会和水稻栽培历史为研究对象。我认为这种研究方法和途径不无道理。

不仅有水稻栽培等农耕技术，东南亚地区饮食文化的很多方面也都是经由泰国传入日本的。例如，日本十分盛行"麹"（即"曲"，用于酿酒或制酱）等"霉变文化"和"发酵文化"，酱和酱油等食品深受泰国有关文化的影响。现今，欧美人已经较为普遍地把酱和酱油作为调味料来使用，但是这段历史还十分短暂，酱和酱油不久以前还一直是亚洲这一地区独有的调味料。

再者，被称为亚洲精神文化之冠的佛教文化，就是沿着水稻栽培技术的传播途径东渐而来的。著名的玄奘大师撰的《大唐西域记》中，作为沙漠绿洲城市的特产列举了水稻耕作。今天的中国库车地区，即当年的"屈支国"出产粳稻的历史记载告诉我们，"陆稻"就是跨越丝绸之路的流沙而传播开来的。

毋庸赘言，佛教文化也是经由丝绸之路，或者跨越南海万顷波涛传入中国南部地区。泰国就是佛教东渐的一个中转站，流传于泰国以及中国南部一部分地区的所谓"南传佛教"至今仍然散发着耀眼的佛光。泰国国内的有关佛教的遗迹一直受到妥善而完美的保护，佛教寺院里供奉的佛像及有关佛具装饰等都受到民众的精心爱护。在亚洲的诸多国家中，日本与泰国结成佛教文化睦邻友好之邦。

追溯日本文化的发展历史，由绳文文化起步，经由弥生文化、古坟文化等连绵不断地发展至今。中国有黄河和长江文明，印度有恒河和印度河文明，美索不达米亚有底格里斯河和幼发拉底河文明，埃及有尼罗河文明。如果这样罗列贯通起来的话，我们不难发现这些古代文明具有一个共同的规律，即都是起源于河谷。这些古代文明的发源遗址上至今残存着砖瓦或石块堆积起来的建筑物群遗迹，仿佛向后人倾诉和展示着往昔的繁华和荣光。

湄公河流经泰国近邻柬埔寨境内，位于洞里萨湖湖畔的吴哥遗迹群向我们展示着高棉民族虔诚的宗教信仰和火热的创造激情。那么，泰国境内的湄南河与古代文明的发展进程有何关联呢？令人遗憾的是，至今尚未发现与其媲美的有关痕迹，而仅在素可泰、华富里府、大城府发现了都市遗迹和佛教遗址，但是直至近年，尚未发现史前文物遗迹。据有关专家学者推论，由于泰国的史前遗迹多属于潮湿地带的原始农耕村落，所以很难遗留下来相关历史痕迹。

但是，20世纪60年代后期，在临近泰国北部和老挝国境的乌隆府班清地区偶然出土了迄今为止未曾发现的黑陶和彩绘土器，经过其后周密仔细的调查研究，终于揭示了其文化渊源可追溯至公元前3600年。当年，泰国工程兵修建守备边境军事工事时，无意之中发现了这一文化遗址。

但是，当时发现出土的珍贵文物并没有上报政府有关部门，所以当然没有运用考古学知识加以发掘。一同发掘的青铜器、玻璃、玉类制品等竟然出现在曼谷的古文物市场，引起了古文物爱好收藏家的极大震惊。由于一直没有人出面调查清楚这些文物的出土地点，所以才使得这些来历不明的珍贵文物在古文物市场上得以流通交易。直至1967年，泰国政府国家艺术局才开始组织专家学者，对此展开了科学且有组织的部分考查。1972年，终于开始了正式考古发掘，从而最终揭开了班清文化遗址的全貌。

在班清遗址中发掘出土了大量形状各异的精美彩陶

器皿。这些彩陶在浅黄的底色上描绘着深红色的图案。这些图案有些是古代艺术家们随心所欲、一挥而就的，有些则是经过深思熟虑而精心绘制的几何图形、螺旋状图形，以及树叶和花草图案。此外，还出土了一些玉石首饰、象牙骨雕制品及青铜器制作的手镯和颈圈。出土文物中还包括了铁器制品。

根据同时出土的玉制首饰、手镯等青铜器及铁器推断，这些出土文物的年代为公元前 500 年左右。依据这一结论可以大致明了泰国史前时代的历史进程。纵观泰国的历史发展进程，我们可以觉察到不少与日本的相似之处，油然而生一种难以言表的亲近感觉。

回顾日本和泰国交流往来的历史，我们不能忘记江户时代前期活跃于东南亚一带的著名历史人物——山田长政。有关山田长政的生平业绩多有记载论述，下面我们一同来简略地回顾一下。

山田长政（1590～1630 年），日本裔泰国商人、军事将领。出生于骏河安倍蒿科乡，通称仁左卫门。十岁时父母双亡，流浪各地市井街头，而后被府中马场町的染店老板仁左卫门收养，从此改姓为山田。

染店老板仁左卫门观察到，这个终日流浪市井街头的少年气貌不凡，似乎胸怀大志，于是就收养了他。但是，这个少年却对染店的家业毫无兴趣。据 19 世纪编撰的江户幕府正式历史记录《德川实纪》记载，他不但做过藩主本多忠佐的车夫，而且还当过藩主大久保治右卫门的轿夫，可知他本来憧憬并有志于武家勇士之业。

当时，胸怀大志的男子汉都把梦想寄托于"朱印船"。所谓"朱印船"，即17世纪初期江户幕府时代，持有幕府签发的许可从事国际贸易的证明"朱印状"，前往安南、暹罗、吕宋、柬埔寨等东南亚国家进行贸易活动的商船。男子汉搭乘"朱印船"，乘风破浪，跨海远航，投身于海外贸易事业，蔚为一股时代潮流。

相国寺目前保存着13件当年的"朱印状"（即"异国通船印鉴"），都被指定为国家重要文物。这些朱印状上注明了许可前往通商的地点，近有安南（即今越南）、暹罗（即今泰国），远至西洋。目睹这些朱印状，眼前不禁浮现出往昔舍身冒险、跨海经商的弄潮儿的英姿。

当然，山田长政所在的骏河的经商者也毫无例外，争先恐后地投身于海外贸易这股时代潮流之中。山田长政听到当地两位名叫泷佐右卫门、太田治郎右卫门的商人准备出航南洋的消息后坐卧不安，即刻前去拜访，强烈请求两者同意自己跟随一同出海远航。

山田长政搭乘的船队一行首先来到中国台湾，然后前往暹罗。山田长政当年27岁，正值血气方刚之年。当时搭乘朱印船远渡重洋的不少日本人都滞留于当地，在王城郊外形成了日本人定居的"日人街"。不久，山田长政进入由定居当地的日本人组成的服务于国王的宫廷

异国通船朱印（重要文物）

卫队。重情厚意的山田长政以其过人的豪勇和智略受到国王的赏识，进而崭露头角，获封为太守，掌管整个日本人定居区，并几乎垄断了东南亚与日本之间的贸易往来。

当时，恰值泰国国王的胞弟企图谋反，国内一片骚乱。山田长政出面左右斡旋，终于扭转了时局。不久，山田长政被任命为军队统帅，南下攻打对抗王命图谋叛乱的六坤府，大获全胜。可以肯定，山田长政不愧为一个有勇有谋的志士。

攻下六坤府以后，山田长政命令部下大冢十左卫门代理城主留守，凯旋返回京城，将战果逐一禀报国王。

国王大喜，任命山田长政为"六坤王"，并将自己的王女下嫁给山田长政，由此荣享皇族待遇。山田长政渡洋跨海，来到异国他乡仅仅五年有余，就获得了如此殊荣。他的传奇人生，被日本人誉为男子汉实现辉煌梦想的典型代表，一直持续不断地传颂至今。

泰国与日本

山田长政深受泰王奈舜烈的笃信和重用，并借用这一关系向泰王进言：向日本派遣外交使节。泰王欣然地听取了他的进言，于元和七年（1621年）向日本派遣了外交使节。当时，山田长政吩咐部下伊藤久太夫随行前往，并携带亲笔书信转呈当时仅次于将军权力地位、统辖江户幕府职权的"老中"土井利胜，同时进呈了两条鲨鱼，以及盐硝（即硝酸钾）两百斤，当时盐硝是用来制造火药的贵重物资。

宽永三年（1626年），来到泰国的长崎商人井上太郎兵卫返回日本之际，山田长政委托井上太郎兵卫将绘有巨大战舰的"绘马"，即木制牌匾带回日本国内，献纳给位于自己出生的故乡骏河的浅间神社。牌匾上书写着铭文"奉挂倾立，愿诸愿成就，令备之所，当国生，今天竺国暹罗住居，宽永三丙寅岁二月吉日山田仁左卫门尉长政"。

山田长政终于实现了"衣锦还乡"的夙愿。对于出生并成长于骏河的山田长政来说，朝夕可以远眺巍峨的富士山、朝礼富士山脚下的浅间神社是一个美好的憧憬。虽然身居异国他乡，但是他朝思暮想的一定就是故乡的万种风情吧?! 因此，他不远万里向故乡的浅间神社献纳了"绘马"牌匾。

山田长政向浅间神社献纳的"绘马"牌匾，毁于天明八年（1788 年）十一月五日浅间神社发生的火灾。令人欣慰的是，原牌匾的拓本完整无损地保存了下来，为我们提供了宝贵的第一手资料，但是，牌匾的原物毁于一炬，甚为遗憾。

其后的数年间，山田长政度过了人生最为辉煌的岁月。但是，人生不能永远高枕无忧。

宽政六年（1794 年），对山田长政倍加信赖的泰王奈舜烈故去。山田长政迎来了人生最大的考验，他自身的命运也发生了根本性的变化。泰王奈舜烈料到自身余日不多，于是将山田长政和重臣甲花木召到枕边，叮嘱自其身亡后，由山田长政和重臣甲花木每年轮换辅佐幼君掌管国事。

但是，世间之事一切无常，难以预料。山田长政辅佐幼君料理国事期满，返回六坤府后，重臣甲花木与先王之妻，即幼君之母勾结通奸。在重臣甲花木的唆使下，母后将幼君毒杀，而后自称女王，统揽国政。

山田长政得知朝廷有变之后，怒火填膺，愤慨异常，马上下达了起兵前往京城讨伐叛逆的号令。幼君的母后闻之惊恐万分，急忙派遣使者前往六坤府，谋求与山田长政讲和。在朝廷使者举行的盛大酒宴上，山田长政不幸被毒杀身亡。如果没有亡于毒药之下，一代风云人物山田长政将有可能成为暹罗王。其后，山田长政的传奇人生一直为往来于日本和东南亚一带的贸易商人所传颂。时至今日，山田长政的不朽业绩还在整个日本受到传承和颂扬。

今日，在泰国首都曼谷郊外的大城府，还残存着祭祀山田长政的神社，可以使人联想到往昔的风貌。建于湄南河沿岸的日本人定居区"日人街"，当年曾经居住过两千多日本侨民。现在，"日人街"已经面目皆非，仅仅残存着一块书有"大城府日本人街遗址"字样的石碑。

12月6日21时许，我们相国寺泰国佛教遗迹参拜团一行抵达了曼谷。翌日，按原计划参拜向往已久的泰国佛教遗迹。

泰国首都曼谷素享"东方威尼斯"之美誉，身临其境，方知果然名不虚传。行走在曼谷的街道上，困于交通堵塞的机动车辆发出的噪音和过往行人的喧噪声交织成一团，而街道的各处却可以见到寂静无比而又古色古香的佛寺，令人油然而生不可思议之感。

泰国的历史，可以称之为一部与佛教同步并进的历史。佛教受到历代泰王的崇信和保护，被奉为国教。全国各地都可以见到众多大大小小的佛教寺院，其总数多达27000余所，佛教僧侣约29万人。在泰国，男性一生必须入佛门修行一次。由于虔诚的佛教国家这一独特的社会背景，所以很多被视为古老的传统礼节都被完整地保留了下来。

谈到泰国的历史和文化，不能不提及王宫，即大皇宫和玉佛寺。大皇宫位于湄南河的东岸，规模宏大、金碧辉煌、灿烂夺目。现为国王拉玛九世起居以及国家元首接见外宾和举行国事典礼之处。大皇宫是泰国诸多王宫之一，是历代王宫保存最完美、规模最大、最富民族特色的王宫。大皇宫设计庄重、装饰华丽，汇集了传统建筑工艺及西洋建筑工艺之精粹。

作为守护王室的寺院而建造的玉佛寺位于大皇宫内，寺内供奉着泰国的国宝——玉佛。玉佛制作于公元前43年，由整块翡翠雕刻而成，供奉在玉佛寺大雄宝殿中间的金色高座祭坛上。玉佛寺位居泰国佛教寺院之首，所以来自国内外的信徒和游客众多，人山人海，水泄不通。

故地重游，我的脑海里不禁浮现出日本临济宗妙心寺派管长山田无文老师的身影。十几年前，我有幸随同山田无文老师首次访问泰国，并参拜了玉佛寺。抚今追昔，庄严华丽的伽蓝依旧，先师却已乘鹤西归，不禁感思万千。

泰国还有一座素享盛名的佛教寺院，位于泰国首都曼谷市湄南河西畔，名为"黎明寺"或"晓庙"，是泰国境内规模最大的大乘舍利塔。黎明寺始建于泰国的大城王朝，1809年竣工后屡次重修，它是大城时期孟库国王时代留下的最伟大的创举、最璀璨的文化遗产。黎明寺的主塔高达82米，是泰国最为著名的建筑，其雄伟的形象被用在面额10泰铢的硬币背面。黎明寺主塔的底座和塔身均呈方形，层数很多，面积逐层递减。四周各有陪塔一座，颜色各异，宏伟华丽，比主塔矮小。整个塔的表面镶嵌着无数中国龙泉窑及景德镇瓷窑的彩色陶瓷片。宝塔的地基部分绘有巨幅图画。佛塔不仅在朝阳下熠熠生辉，在夕阳下也别具一番风味，如梦如幻，美不胜收。

此外，位于曼谷的金佛寺也不可错过。金佛寺里供奉着世界上最大的黄金佛像，它制作于素可泰时代（1238～1378年），全身金光闪烁，高3米，重5.5吨，含金纯度竟达60%，至今灿烂夺目。泰国的佛教信徒习惯把自己的布施香金请来的两厘米见方的金箔，镶贴在黄金主佛前面的佛像上，以示供养。佛像上不断镶贴上去的金箔光芒闪烁，构成了一幅极为不可思议的景色。参观了曼谷的佛教寺院之后，下午5时许，我们一行人

黎明寺（晓庙）

搭乘班机离开曼谷，前往仅次于曼谷的泰国第二大城市——清迈府。

清迈府位于曼谷以北大约 700 公里处，是泰国北部政治、经济、文化的中心，其发达程度仅次于首都曼谷。虽然城市规划和建设稍逊色于首都曼谷，但是市内风景秀丽，充满了整洁、自然、清新的气氛。清迈位于高原盆地，自然环境优美，平均海拔 300 米，是泰国的高原城市，气候凉爽，还是著名的避暑胜地。清迈曾长期作为泰王国的首都，至今仍保留着很多珍贵的历史和文化遗迹。这里不仅古迹众多，而且商业繁荣，是东南亚著名的避暑旅游胜地。

早在 13 世纪末，孟莱王就定都于此，以后长期成为兰纳泰王国的都城。清迈城的很多地方与日本的京都较为相似，至今还残留着城门和护城河，以及为数众多的历史悠久的佛教寺院。清迈城为海拔 600 米至 900 米的群山环抱，景色旖旎，气候宜人，早晚尤为凉爽，几乎使人忘却了南国炎热而潮湿的气候。

清迈府首府清迈市大约有 100 多所寺院。我们首先前往距城区 15 公里的双龙寺，亦称素贴寺。双龙寺位于素贴山顶，因有两条长龙在山路两侧台阶坐卧而得名。据说 14 世纪时，泰国北部发现了释迦牟尼佛的舍利子，人们将舍利子放在白象的背上，任由白象寻找供奉舍利子的位置，最后白象走到了素贴山上。至今寺内的金色佛塔中仍供奉着佛祖的舍利子，每年都吸引世界各地众多的佛教信徒前来朝圣膜拜，络绎不绝。

双龙寺始建于1383年库纳王统治的时期，是泰国北部最受尊崇且香火鼎盛的寺院，还是清迈最重要和最显著的形象标志。脚踏素贴山顶，郁郁葱葱的群山环抱着整座城市，秀丽的景色一览无遗，尽收眼底。

我们沿着290级台阶攀登而上进入双龙寺，只见寺内金碧辉煌，香火缭绕，泰国各地常见的黄金色的主佛释迦牟尼佛像庄严而神圣。寺内悬挂着一口直径达两米左右的祈福钟，钟声庄重而悠远。寺内的商贩贩卖着一笼笼放生用的小鸟。据介绍，这些小鸟被香客购来放生以后，不久就会飞回来，因为经过了训练调教。这种煞费苦心的训练，不禁令人掩面生笑。

沿着长长的台阶下山，可以更加感受到坐卧在山路两侧台阶的双龙舞动着的雄姿，壮观无比。下山后，我们径直前往附近的苗族村落参观。清迈周围有不少从中国的云南地区和西藏地区南下迁居而来的山岳民族定居的村落。我们从双龙寺乘旅游车大约走了半个小时左右，就来到了苗族人居住的村落。

苗族人身着色彩艳丽的民族服装，居住在高床式木结构住宅中，生活式样独具特色。苗族的男子至今还手持原始弓箭打猎，栽种着一种形似大麻的植物，漫山遍野黄花盛开，据说是用来制作鸦片的原材料。归途中，在道路两侧的土特产店看到了手工制作的银茶巾筒，物美价廉，令人欢喜。

返回清迈市内，我们参拜了正在进行维修的菩培峦寺。菩培峦寺距离素可泰城墙约有一公里远，有护城河围绕，寺中矗立着三座高棉式样的佛塔。由佛像的碎块，推断此寺建于12世纪末，当时素可泰还是高棉王国的一部分。

我注意到了架设在维修现场四周的高高的脚手架。当年，我们相国寺维修国家重要文物法堂时，就采用了同样的脚手架。我回想起这种大规模维修所要付出的辛劳，不禁举起双手，从脚手架的缝隙之间，面向主佛合十而拜。

午后两点左右，我们一行人由清迈机场搭乘班机，飞往彭世洛机场，前往参拜期盼已久的素可泰佛教遗迹。

素可泰的地理位置在泰国历史上至为重要。1238年，泰族人攻克了高棉帝国，即现在的柬埔寨统治下的素可泰，首次实现了统一国家的大业，建立了泰国历史上的第一个王朝——素可泰王朝，定都素可泰，中国史籍称之为暹罗国。素可泰王朝接连持续统治了八代，素可泰王朝第三任君王兰坎亨大帝是一位颇有作为的君主，深孚众望。他在位时通过改良高棉文字创造了泰国文字，导入了佛教，并创造了举世闻名的宋加洛瓷器，素可泰王朝达到极盛。素可泰王朝从兰坎亨逝世后开始由盛转衰，以后的几代国王大多懦弱无能，一味沉溺于佛教，畿外各勐和属国纷纷摆脱中央王朝的控制。1379 年，素可泰被大城王朝所灭，成为大城王朝的属国。

素可泰位于曼谷北部 350 公里处，西部和北部为山林，东部和南部为平原地带。素可泰王朝的遗址零星地散布在山林和平原之间。

作为王朝的首都，素可泰古城有逾百座佛寺和佛塔及逾千尊佛像，大部分保存状态良好。其中玛哈泰寺位于素可泰古城中央，是该城的中心，为当年的王室寺院。整个玛哈泰寺在蓝天的衬托下，显得无比静谧而神圣。玛哈泰寺位于素可泰历史公园内，如今素可泰历史公园已成为泰国最重要的旅游区之一。

素可泰古城，由东西长 1800 米、南北长 1400 米的城墙环绕，玛哈泰寺位于素可泰古城中央。王室宫殿与王室寺院玛哈泰寺占据该城中心部位，在这一最为神圣且高贵的两百米见方的区域内，密布着 185 座佛塔、18 座圣堂以及圣水池等。区域中心建有巨大的宝塔和高达 8 米的大佛。令人甚为遗憾的是，宝塔底座部位的舞姬和乐手的浮雕几乎都被剥落盗走，惨不忍睹。

彭世洛是泰国具有重要历史意义的古都之一，位于素可泰古城东南 70 公里处，是连接泰国北部和中部的军事要冲，为彭世洛府首府。彭世洛的帕西雷达纳玛哈泰寺十分著名，当地人称之为大庙。该寺建于 1357 年，寺

在素可泰佛教遗迹与日本游客合影（中间为作者）

内供奉着被认为是泰国最为圣美优雅并最受尊崇的佛像，
这是一尊堪称素可泰时期佛教艺术之巅的帕清纳拉佛坐
像。该佛像为青铜铸造，外表贴以金箔，制造年代可追
溯至 14 世纪。日本广播放送协会曾经专题介绍过这尊举
世闻名的佛像。我们由入口旁的昏暗楼梯爬上去，来到
佛像脸部侧面敞开的窗户旁边，站在这里可以直接拜见
佛头。帕清纳拉佛庄严而慈祥，向所有前来朝礼亲近者
伸出拯救之手。

归途中，我们经过素可泰历史公园，拜谒了素可泰
王朝最伟大的第三任君王兰坎亨大帝的铜像，然后前往
机场。

短短四宿五天的泰国佛教遗迹参拜之旅，令人永生难忘。我们衷心地祈愿与日本往来极为密切的泰王国永远繁荣昌盛，怀着依依不舍之情踏上了归国的旅途。

第四章

不丹朝拜记

人文与宗教

昭和五十一年（1976年）十二月，我跟随以临济宗妙心寺派前任管长山田无文老师为团长的日本临济宗代表团，前往印度参拜佛教遗迹之际，曾经取道尼泊尔，参拜了位于尼泊尔境内以佛陀诞生之地而闻名于世的蓝毗尼。虽然只在尼泊尔首都加德满都逗留了短短两天的时间，但是耳闻目睹的一切都给我留下了极为深刻的印象。

与巍峨的世界屋脊喜马拉雅山脉并存着的尼泊尔人民那勤劳质朴、勇敢顽强的高尚品格使我难以忘怀。从印度和尼泊尔归来之后，我把这段令人难以忘怀的亲身经历告诉了联合国协会京都分会理事伊东祐纯先生。听了我的切身感受以后，他对我十分直率地说："我建议您抽时间去不丹王国走一走，一定也会有更多的发现和全新的感受。"听到伊东先生这番话以后，我就在心底一直期盼着这一天早日到来。

昭和五十二年，我初次访问了中国。其后，我每年都不断地前往中国参拜朝礼佛教遗迹。光阴荏苒，我已经参拜访问过中国 27 次了，按计划，今年内将要达到 30 次。但是，我并没有忘记参拜访问不丹的夙愿。难得的机遇终于在 1992 年 3 月来临了。

提到不丹王国的具体地理位置以及风土人情等，日本人大多都极为陌生，所以，我们首先共同了解一下不丹王国的概况吧。

不丹是位于中国和印度之间的喜马拉雅山脉东段南坡的一个内陆国。"不丹"一词来自梵语，意思是"吐蕃的终结"。不丹的国旗呈长方形，由金黄色和橘红色的两个直角三角形组成，中间一条白色的飞龙，四只龙爪各紧抓一颗雪白晶莹的宝珠。金黄色象征国王的权力；橘红色是僧侣袈裟的颜色，象征佛教的精神力量；龙则象征国家权力。不丹的国徽呈圆形，圆面上两条飞龙腾空而起，象征权力和尊严。飞龙的周围是燃烧着的火焰，圆面中心是十字形图案，象征大自然的雷电霹雳。因此，不丹王国亦称"神龙之国"或"雷龙之国"。

不丹王国的国土面积大约为 4.65 万平方公里，其东、北、西三面与中国接壤，南部与印度交界，为内陆国。不丹王国四周的断崖绝壁形成了自然的防卫屏障，构成了与周围邻国的国境线。其中东部与西部地区的岩石山脉与印度丘陵地带隔绝，西北部白雪皑皑而高耸入云的珠穆朗玛峰与中国西藏地区分隔。

不丹王国的北部，耸立着威严无比的喜马拉雅山脉，美丽的万年雪峰高耸云霄。一望无际的皑皑白雪和冰川的世界将不丹王国与中国的西藏地区相隔开来。南部宛如网状的山脊走向渐趋平缓，与锡金、西孟加拉以及阿萨姆北部平原相连。外国旅游者只能乘坐飞机穿越喜马拉雅山脉，跨越印度国境而进入不丹王国。因此，被世界上最为强大的邻国相夹其间，加之被世界最高的山脉环绕着的不丹王国，在长达几个世纪的漫长岁月中几乎一直不为外界所知晓，这也是理所当然的。

　　雄伟的喜马拉雅山脉耸立在西藏高原南腹，被称为天神之居的巨大雪峰，至今还有许多人类尚未抵达的处女峰。不丹王国北部边境，由万年积雪而形成的巨大冰河一直缓缓流向南部，与印度平原地带的雅鲁藏布江汇合，继续前行而注入远在几百公里之外的孟加拉湾。

　　旺河流经不丹王国中部地带，这一地带地势较为平坦而广阔，是居住着不丹王国大部分人口的内陆喜马拉雅的肥沃河谷地带。不丹王国的首都，位于国王居住的廷布山谷，不丹王国第二大城市帕罗也位于该地带。

　　这一地带的海拔为 1000 米至 3000 米，落差较大，因此造就了多样化的自然生态资源；此外，由于雨季多雨，所以适合各种各样的植物栽培生长。在海拔 2500 米左右的地带，橡树密布，杜鹃花盛开，漫山遍野姹紫嫣红，过了这一海拔高度，就是郁郁葱葱的冷杉和雪松构成的原始森林的世界了。向东行进，则可以看到多雨气候形成的热带雨林，以及热带特有的娇美可爱的几百种鸟类。

不丹南部的丘陵平原属湿润的亚热带气候，年均降雨量达到 2500 毫米，为高温多湿的溪谷，被高达 3000 多米的云雾深山所环抱。山上婆罗双树、翠竹、山茶花、黄心树等常绿树木，以及槭树、桦树、橡树、印度栗树等郁郁葱葱，遍布山野。山间流水潺潺，云雾缭绕之处，从绿树的枝头垂下的如白发的苔类寄生植物，织就了一幅幅壮观夺目的森林景色，仿佛置身于宋元时代的山水画卷之中，令人大饱眼福，叹为观止。此外，热带雨林中的象、犀牛、鹿，以及号称世界最小的灵长类动物金丝长尾猴等许多世界濒危动物，更是将不丹当成了天然乐园。随着海拔的上升，阔叶林渐渐被针叶林和灌木丛所替代。漫山遍野的高山杜鹃，悠闲自得的牛羊，勾勒出一片人间净土的宁静与祥和的景象。

那么，居住在不丹王国这片"高原净土"上的居民从何处而来，何时定居于此地的呢？实际上，有关具体年代和详细历史模糊不清。据考证，不丹人的祖先主要来自中国西藏、缅甸、尼泊尔和印度。现在的不丹王国的种族大致可分为三种。第一种被称为"阿洛人"，据梵文典籍记载，不丹的土著人为库池部落。该部落的人被称为"阿洛人"，于公元 9 世纪从中国西藏移居到不丹的北部和西部地区，并把中国西藏的文化和佛教也带到了不丹，至今仍是不丹政治和文化中的重要组成部分。经过长期的演变和繁衍，其生活方式、风俗习惯、语言文化、心理素质等都与藏人有许多不同的特点，逐步形成一个独立的民族，即不丹族。在随后的几个世纪中，缅甸人、印度人和尼泊尔人相继来到不丹。第二种是从阿萨姆或缅甸移居至不丹东部地区的印度蒙古人，该部落的人被称为"夏却普人"，即东部人。他们虽然是不丹最大的人群，但是，后来逐渐融入"阿洛人"的文化之中，因为紧靠印度，有些人讲阿萨姆语或印地语。第三种为尼泊尔人的后裔，于19世纪末由尼泊尔迁移而来，主要居住在不丹南部地区。由此可知，不丹现在的居民都是许多世纪以前从邻近国家移居不丹的后裔，不丹人的体质特征多属蒙古人种。由于种族的关系，以及受较为起伏多变的自然环境的影响，不丹人大多体格强壮、皮肤黝黑、吃苦耐劳，生活方式也基本类似。

在悠久的历史长河中，不丹王国各民族之间相互征服同化，所以民族成分日趋简单。现在，不丹的主要民族只有不丹族和尼泊尔族。不丹人尚武精神较强，在长达几个世纪的历史时期中一直保持独立和主权完整，同时不丹民族又极为平易近人、热情开朗。

不丹的民族服装设计制作朴素雅致，男人多穿过膝长袍，这种长袍称为"帼"或俗称"波库"。男人一般习惯在腰间系一条腰带，宽松的雪白袖口向上挽起，胸前和胸后的衣服褶层当做口袋使用，起到存放物品的功能。长袍通常为棉麻织品，图案以条纹及格子居多，素色为主，其设计功能与日本的和服完全一致，令人不禁倍感亲切。

此外，男人一般在腰间佩带一尺长短的"怀剑"，脚上穿皮靴，头上戴一顶用牦牛毛制作的帽子。帽顶上的斜槽斜向一边，便于排除雨水。这套装束被称为不丹的民族正装。我们一行人目睹不丹人的这套正装，都异口同声地感叹不已："我们仿佛回到了日本的江户时代。"我在街上买了一套回来，并穿着去饭店的餐厅吃晚饭，结果引来了在场的日本人和不丹人的拍手喝彩。

妇女的服装比较简素典雅，通常穿着名为"旗拉"的长裙。旗拉由一幅床单大小的布料缝制而成，是一种从肩拖到脚踝的长筒式服装，贴身合体。色彩鲜艳的布料上织有各地方的传统花色图案。此外，还要佩戴象征吉祥和敬意的肩带，肩带实际就是图案精美颜色鲜艳的围巾，并用金银和绿松石等宝石制成的饰针固定在肩膀附近。不丹人喜好佩带用珊瑚和珍珠以及被不丹人称为"神的眼泪"的玛瑙制成的项链。

在最具不丹民族特色、最为隆重的佛教节日——帕罗戒楚节上，身着这种传统民族服装的少女们格外引人注目。透过不丹民族的服饰外观，我们可以形象而充分地感受到：不丹王国极为丰富而绚丽多彩的民族服饰文化，反映了深深地扎根于这片"高原净土"的真正的精神富饶指数。

　　不丹王国的国土面积比日本九州略大，人口只有120万左右，首都廷布，实行二元制君主立宪制。平成元年（1989年），日本平成天皇即位之际，不丹王国第四世国王吉格梅·辛格·旺楚克身着极富不丹特色的民族服装光临盛典，引起了围坐在电视机前的日本人的异常惊奇，并留下了极为深刻的印象。第四世国王吉格梅·辛格·旺楚克集不丹王国国民的尊崇和信赖于一身，推行了一系列治国利民的国策。近年来，随着道路的建设和开通，迁往城镇居住的人数逐渐增多。但是，大部分人还仍然居住在靠近河岸的村落，或者居住在可以俯瞰层层梯田或牧场的山冈斜坡上的传统住宅。

　　在不丹，从事农业生产的人数占90%左右，不丹人主要依靠耕种农田以及饲养家畜获得食粮、肉类、牛油、奶酪和牛奶。所有食物基本上自给自足，村里邻居乡亲互帮互助，从播种到收获大多共同劳作，至今仍然保留着传统农耕社会的许多纯朴民风和优良美德。

　　不丹的传统民居一般为三层结构，多用石头、木材和黏土建成，传统上不使用铁钉。为了抵御横穿山谷之间的强风，使用稍厚的木板块葺顶，并适当间隔地压置重石。窗户为拉窗，使用踏板即较为狭窄的木制楼梯连

不丹国王的宫殿

接各层房间。一层为用来饲养家畜的厩栏，以及储存工具和粮食等杂物的仓库，二层为客厅，三层为寝室，设计十分合理而实用，整个住宅描红绘绿，色彩鲜艳。

下面，让我们共同来看一下不丹王国宗教的历史和现状吧。不丹王国国民95%以上都是佛教徒，信奉藏传佛教中的噶举派。源于藏传佛教的噶举派这一派系传入不丹以后，对不丹的社会历史进程产生了巨大的影响，佛教和不丹王国的历史发展是不可分离的。不丹王国的任何地方，即使在乡间小镇或极为偏僻的山村，也可以见到成千上万的祈福轮，天空点缀着色彩斑斓的经幡等各种形式的佛教信仰标志。由此可知，笃诚虔敬的佛教信仰已经成为国民生活的一个重要组成部分，佛教已深深地融入不丹的立国精神和文化之中。

当你站在不丹各地的村落仰望周围的山坡或者高岗的时候，无论是在山边路旁，还是在房顶门前，一定可以看到十几根高高的木杆，悬挂着雪白而长长布条，格外醒目。这种"白旗"称为"经文旗"或"经幡"，是当地居民为了供养先祖而建立的。此外，不丹各地随处可见一片片迎风招展的五彩旗，这些五彩旗其实是印着经文的经幡，场面蔚为大观，古朴、神秘且独特。

不丹王国国民的家居中大多设有佛龛和佛堂，家庭成员每天礼佛拜祖，一天的生活往往是从清晨进香开始的，这种日常生活习惯与日本完全相同。每当步行通过寺院门前时，都必须合十礼拜而过。不丹人将亲身参与建造佛教寺院的劳作视为至为重要的宗教活动。每一个村庄的中心地带，都存在着由村民双手的无偿劳动而建造的僧院或寺院。不丹王国最古老的贾姆帕寺院，其历史可以追溯到公元 7 世纪前后，至今仍然得到完整的保存，并发挥着宗教机能。

今天，不丹全国共有 2000 余所佛教寺院和 1000 多座佛塔，每个村寨至少有一所寺院。通常各个村寨分别举行独特的法会或祭祀活动，而称为"戒楚节"的佛教祭祀活动已成为每年的惯例。最为知名的是在帕罗山谷举行的帕罗戒楚节。我们此行的一个主要目的，就是要亲身体验这个蜚声海外的佛教传统节日。

总而言之，自古以来，不丹王国国民对于佛陀的信仰笃诚深厚，今后也必将一如既往地延续下去。由于这一传统的宗教信仰已经深深地根植于不丹王国整个社会和国民之中，所以佛教僧侣即喇嘛格外受到尊敬和崇拜，喇嘛在社会各行各业中占有举足轻重的地位，在社会共同体中发挥着极大的作用。举凡国家乃至各地区的所有重要仪式活动，都必须迎请佛教界代表与会，佛教界在国会及王室顾问会议中也持有席位。

　　不丹人严格遵循传统习俗，每个家庭至少要选派一个男孩出家入寺为僧，但是现在已逐渐发生观念上的变化，出家僧侣多属自愿。虽然如此，寺院中仍有许多沙弥在修行。我们特意参拜了一所僧院，亲眼目睹了身着藏红色僧装，发奋刻苦修学的小喇嘛的身影，我们感到无限喜悦和欣慰。

　　佛教传入不丹的历史大约可追溯到公元7世纪中叶，当时不丹属吐蕃之地。公元640年，皈依佛教后的吐蕃首领松赞干布曾命令在不丹中部的布姆塘河谷修建了贾姆帕寺院，传播佛教。公元649年，松赞干布又在不丹西部的帕罗河谷修建了祈楚寺院。从此，不丹人与佛教结下了不解之缘。

　　不丹人无比尊崇佛陀，此外还尊敬和信奉8世纪中叶的印度僧人巴特玛萨木巴瓦，即莲花生大师，尊称莲花生大师为"第二个如来佛"。莲花生大师是印度藏传佛教史上的一位神奇人物，是在藏传佛教初兴时期来藏弘法的一位印度密宗大师。公元8世纪，莲花生大师入藏，被尊奉为藏密的开祖，属宁玛派，俗称"红教"的传承祖师。据传说，莲花生大师诞生于古印度东北部的乌仗那国，即现在巴基斯坦的斯瓦特。斯瓦特不仅是旅游胜地，也是犍陀罗艺术的摇篮，还是藏传佛教信徒向往的圣地。不丹人也将斯瓦特视为圣地，很多巡礼朝圣者不惮辛劳，长途跋涉，前往斯瓦特朝拜，至今络绎不绝。

早年，莲花生大师在玄奘大师曾经留学过的那烂陀寺，亦称那烂陀大学，师从高师，修学深奥佛法及超人能力。其后周游印度，遍访密法大师，广修博学，后于8世纪中叶入藏传法。公元747年，莲花生大师受不丹信度国王的邀请，曾先后两次前往不丹南部讲经传教。莲花生大师首次前往不丹讲经后，就转往中国西藏讲经传教。他从西藏返回不丹后，视察了不丹帕罗河谷新寺院的修建情况，并在布姆塘成立了传教中心，继续在不丹弘扬佛法，使佛教在不丹得到了较快的发展。当时，莲花生大师为了治愈信度国王的重病，曾经表演了舞蹈仪式，以求扬善惩恶、消灾增福。为了颂扬和纪念莲花生大师的不朽功德，这种传统的佛教舞蹈仪式一直传承至今，其中久负盛名的就是帕罗戒楚节上演出的假面舞。

大病痊愈后的信度国王改信佛教，从而奠定了不丹人视藏传佛教为国教的历史基础，对后世不丹人的精神文化乃至日常生活都产生了巨大的影响。信度国王当年创建的专供自身居住生活的僧院现在虽已荒废，但是遗址尚存。

在帕罗河谷有一所与莲花生大师因缘殊胜的寺院，名为"虎穴寺"。相传当年莲花生大师骑着飞虎，从中国西藏来到不丹降妖除魔，而他当年冥想的山洞，便是如今的虎穴寺。虎穴寺建在悬崖绝壁上，令人震撼且过目难忘。参拜者必须冒着生命危险才能实现朝圣愿望。

12世纪末，中国西藏喇嘛教的宁玛派和噶举派传入不丹。公元1616年，中国西藏竹巴噶举派高僧阿旺·纳姆加尔来到不丹，先后统一各教派，完全统治了这一地区，成为有名的"沙布东一世"，即法王。阿旺·纳姆加尔仿照中国藏传佛教管理制度，建立了不丹宗教组织机构和教阶等级，形成了僧俗双重的神权统治政府，自己成为政教合一的最高统治者国王。后来，中国西藏喇嘛教又与不丹原始部落宗教相结合，逐渐形成了独具民族特色的不丹喇嘛教。

佛教寺院考

3月11日清晨6点半，我们一行人离开位于曼谷湄南河畔的湄南饭店，赶赴机场搭乘飞机前往不丹。因为当时由日本前往不丹只有一个可行的办法，那就是首先前往泰国首都曼谷，然后从曼谷换乘不丹航空公司的班机飞往不丹。

到达机场之后，耳闻目睹眼前的现状，我们都不禁大吃一惊。原来，不丹王国的航空运输行业现状十分薄弱，只有一架不丹皇家航空公司 ARGO 型 82 座的飞机，运送前往不丹的旅客。这架班机被停放在机场停机坪最偏远的角落，远远看去机体显得十分瘦小。但是，当我们走入机舱坐稳之后，一道亮丽的风景线马上映入了我们的眼帘。只见两位身着鲜艳民族服装的女乘务员笑容满面，身手敏捷地在机舱内走来走去为旅客们尽心尽职地服务。她们热情而周到的工作态度换来了旅客们安心而满意的笑容。

上午 10 点，班机按时起飞了。大约飞行了两个小时以后，飞机降落在孟加拉的达卡机场，以便加油。日本人如果一听到达卡机场四个字，脑海中马上就会浮现出 1977 年 9 月 28 日，由日本新左翼国际武装组织"日本赤军"在达卡机场策划发动的劫机事件。我们一行人乘坐的班机十分平稳地降落在达卡机场，虽然由于其他客观原因起飞时间延误了四十分钟，也始终没有允许乘客走出机舱外，但是总算又顺利地起飞了。

我们乘坐的班机加油后又飞了一个半小时左右，透过舷窗就可以看到脚下不丹王国的帕罗机场了。令人惊诧不已的是，帕罗机场竟然建在断崖绝壁之间的旺河河谷狭窄的腹地，这是不丹王国唯一的一座民用机场，也是世界公认的最难起降的机场。只见远处喜马拉雅山群峰顶端白雪皑皑，那充满神秘色彩的雄姿令人肃然起敬。对于飞行员来说，帕罗机场是全世界最具挑战意义的机场之一，英国籍飞行员娴熟地操纵飞机穿过山间峡谷险峰，平稳地降落到了机场跑道上。满舱的乘客们都不禁为驾驶员高超的驾驶技能而鼓掌欢呼。

眺望帕罗机场四周，只见树立在远处山冈上的几根高高的木杆上飘扬着雪白的长幡，据介绍是供养佛陀的"供养幡"。这种供养幡遍布不丹全国城镇和村寨，不可数计。不丹帕罗机场只有一个小小的办事处，在这里办理出入境手续，给人以一种悠闲自得的清新感觉。负责导游的桑格先生在办事处等候我们一行人，桑格先生身材高大魁梧而彬彬有礼，使人顿生信赖和安心之感。

我们全团顺利地办好了入境手续之后，马上乘坐旅游车直奔首都廷布市内。从帕罗到廷布必须跨越几个海拔 3000 多米的山口。全体团员由于旅途的疲劳几乎都打起了瞌睡，而无心观赏车窗外的壮观景致。傍晚时分，我们乘坐的旅游车在群山峡谷之间穿行了五个多小时后，终于抵达了首都廷布市内。

廷布是山地王国不丹的首都，是全国的政治、经济、军事、文化和宗教的中心。廷布地处喜马拉雅山南麓，位于海拔 2500 多米的西部旺河上游宽阔而肥沃的廷布河谷之中。多年以前，不丹尚未设立固定的首都，廷布也只不过是一个贫寒的村寨。直到 1955 年不丹国王定居廷布以后，才于 1962 年正式将廷布定为永久性首都。这个昔日贫寒的村寨，在不到十五年的短暂岁月里，已经发展成为拥有两万左右人口的城市。

在历史上，廷布是一个宗教城市，曾经为宗教领袖的驻锡之地，至今仍保留了许多造型精美的寺庙建筑和宗教色彩浓厚的城堡，其中最著名的是一座掩映在垂柳和水田之中，称为"扎西曲宗"的建筑。扎西曲宗始建于 13 世纪，1962 年开始重修，1970 年修整完毕。新修的扎西曲宗完全依照古代传统的"宗"的修建方式，再现了古代不丹的典型建筑风格。

这座曾经无比辉煌的宗教城堡的历史，可以追溯到 13 世纪。最初，现代不丹人的宗教信仰之父帕角·杜冈·斯普戈喇嘛修建了一座较小的寺院，即"东员城堡"，亦称"蓝石城堡"。公元 1616 年，中国西藏藏传佛教噶举派的分支竹巴噶举派的高僧阿旺·纳姆加尔（1594～1651 年）来到不丹。他先后统一本土的各个教派，完全统治了这一地区，并于 1637 年成为不丹历史上首位同时拥有宗教和世俗权利的法王，史称"沙布东一世"，即政教合一的最高统治者。在此基础上，阿旺·纳姆加尔仿照中国藏传佛教管理制度，建立了不丹宗教组织机构和教阶等级，以此来管理国家，形成了僧俗双重的神权统治政府。

1629年，他在廷布峡谷南端的山坡上建立了第一座"宗堡"辛托卡宗，据守在不丹两大要塞地区——普纳卡峡谷和廷布峡谷之间的交通要道上，作为自己驻锡弘法的寺庙以及政权中心。1641年，他又在廷布峡谷兴建了一座规模较大的宗堡，并命名为"扎西曲宗"。自古以来，宗堡作为政教合一的统治模式的象征，不仅是行政管理机构所在地，也是喇嘛高僧的驻锡之地。直至今天，"宗堡"及其所在地依然是不丹的主要城市及政治经济和宗教文化的中心。

时光荏苒，整整三百年之后，不丹王国第三世君主吉格梅·多尔吉·旺楚克为了收容迅速扩大的国家政府行政机构，决定重建已经老朽不堪的扎西曲宗。

扎西曲宗堡历尽几百年风雨洗礼，除了三栋中央礼拜堂之外，其他所有的建筑物都不同程度地遭受了火灾和地震的摧残。1961年，从全国各地召集来的两千名男女工人组成了劳动大军，投入了庞大的重建工程。整个工程沿袭不丹传统建筑技术和材料工艺，既没有使用任何建筑施工设计图纸，也没有使用一枚铁钉。施工者们从遥远的深山密林中运来巨石和原木，投入忘我的重建工程。最终，一座基本上忠实地再现了古代"宗堡"建筑形状和艺术风貌的崭新的扎西曲宗诞生了。

现在，不丹王国的所有政府机构、"赞都"（即国民议会的议会大厦）、不丹的王宫、高等法院等，都分设在扎西曲宗一百多间宽敞的房间里。此外，还建有可容纳两千位僧人的不丹规模最大的中央寺院。扎西曲宗堡可以称为不丹王国政治和宗教的最高权力机构所在地。

扎西曲宗堡还是"基堪布"，即权力地位仅次于不丹国王，负责掌管全国有关宗教事务、任命僧官、参与讨论国家大事的法王驻锡之地，以及竹巴噶举派的夏季驻所。

在扎西曲宗四个宏伟的角楼的中央，有一个高大的正方形城堡，这是目前保存下来的早期建筑物，这里保存着大量不丹最为精美而珍贵的宗教绘画。

1974年，当时刚满17岁的国王，世界上最年轻的君主吉格梅·辛格·旺楚克四世（1972～2006年在位）在扎西曲宗举行了隆重的加冕即位仪式。来自世界各个国家和地区的150余位贵宾列席了盛典，规模豪华壮观的庆祝仪式持续了三天。当时的日本皇太子，即现在的平成天皇也列席了庆祝仪式。不丹王国首次以极为隆重而庄严的姿态展现在全世界面前。这对于一个世界上尚未知晓的年轻王国来说，堪称具有划时代历史意义的盛典，以及不丹王国历史发展的里程碑。

目前，在扎西曲宗的后侧，正在兴建一座可以供国际会议使用的会议厅,此外,旺河的护堤工程也正在热火朝天地进行。日本政府也参加了这两项援建工程。期待日本继续为国际社会的互助互利作出应有的贡献。

3月12日,我们开始参拜位于首都廷布的佛教寺院。早餐过后,我们一行人离开公爵酒店,首先前往最近处的被称为廷布象征的纪念佛塔,亦称"国家纪念碑"。国家纪念碑是按照"现代不丹之父",即不丹三世国王吉格梅·多尔吉·旺楚克的设想而建的标志性建筑,意在祈祷世界和平与繁荣。纪念佛塔建成于1974年不丹四世国王吉格梅·辛格·旺楚克加冕即位之际。现在成为赞颂已故国王功德,以及祈祷世界和平与繁荣的纪念佛塔,也是廷布人每日转塔祈祷的集中地。佛塔为金色塔顶的三层雪白建筑。沿着螺旋状台阶向顶层行进途中,可以看到台阶两旁供奉着的千姿百态的佛像,极具艺术观赏价值。由于该纪念佛塔建在山冈上,所以站在佛塔的第三层远眺廷布市区,美景一览无遗,甚为秀丽壮观。

不丹王宫位于廷布附近的德钦曲林宗,这是一座优美的皇家园林。园中池台亭榭,芳草如茵,一座三层楼宫殿掩映在柳树丛中,景致清幽。我们一行乘坐旅游车环绕王室家族的王宫一周后,前往位于附近的德钦普兰寺参拜。该寺收藏保存着著名的《藏版大藏经》,我们得以参拜了其中的一部分。其中最古老的版本为8世纪,其余大多为16世纪版本,保存状态较为良好。该寺也是一所培养刚刚出家不久的年轻僧侣的场所，我们看到了大约一百多位身着藏红色僧装的小喇嘛在微风和煦的寺内勤奋修学。因为每户中必须有一个男子出家为僧，所以人数众多而朝气蓬勃的小喇嘛格外醒目。

午后，我们参观了唐卡制作工厂。唐卡为藏语，属于悬挂在喇嘛教寺院墙壁或正殿正面的曼陀罗的一种，呈卷轴形式，便于举行仪式或讲经说法时携带。不丹的家庭中普遍设置佛龛，佛龛上都悬挂着小唐卡。

唐卡的尺寸种类较多，最大的可达几米，帕罗宗的大唐卡在不丹最为知名。我们参观的车间里，几位熟练艺人面向织布机，正在聚精会神地操作。这些艺人一生中将要绘织出几千张唐卡艺术精品。这家唐卡工厂还制作生产佛教节日或祭祀仪式舞蹈时使用的"假面"，我挑选了一张较小的"假面"留作纪念。至今，这张"假面"还悬挂在我担任住持的寺院的门厅，瞠目而视，迎送着来访的宾客。

接下来，我们参观了金属工艺品加工厂。该工厂坐落在郊外的村寨里。这个村寨的女性基本上都在这家工厂里从事金银手工艺品的加工制作工作。车间里，她们操作脚踏风箱，使用传统的加工制作工艺和技术，正在专心致志地制作独具不丹民族特色的金银手工艺品。她们用勤劳而灵巧的双手制作的这些金银手工艺品，主要是寺院使用的法具和宫殿使用的室内装饰品，此外还有

在廷布德钦曲林宗前与沙弥小僧合影留念

饰针、香烟盒、装饰品盒等。令人大为吃惊的是，这个金属工艺品加工厂甚至还加工生产桥栏杆等大型产品。看到眼前的工厂景象，我不禁想起了日本京都北部鹰之峰下的光悦艺术村，他们为了保存和发扬传统美术工艺而辛勤劳作的精神令人敬佩。

返回市内的途中，我们来到了一家工艺美术品中心。店内工艺美术品种类繁多，琳琅满目。据导游介绍，这里的商品都是来自我们刚刚离开的那个村寨的金属工艺品加工厂。这家工艺美术品中心的店员们正在为即将在帕罗举行的祭祀活动准备商品，忙得不可开交。我在一堆唐卡中，终于找到了一幅称心如意的墨色版画唐卡。此外，我还挑选了一件十分合身的不丹男性民族服装——"帼"，并且身穿这件"帼"装扮成不丹男子的模样到饭店的餐厅去用晚餐。我的这身不丹民族传统打扮引起了哄堂大笑，大家纷纷说："您和不丹的男子汉没什么两样。"

　　3月13日，我们一行恋恋不舍地离开了廷布，前往不丹中北部的城镇普那卡。普那卡曾经是不丹的首都，也是高僧贵族冬季的住所。离开廷布，我们途径旺杜波德朗宗堡返回了帕罗。返回帕罗的途中，我们穿越了著名的多楚拉山口。海拔3000多米的多楚拉山口风景旖旎，原始森林密布。旅游车缓慢地行驶在山口，只见远方喜马拉雅山脉的壮丽景致梦幻般地展现在我们眼前，巍峨的山峰直入云端，令人遐想无限。多楚拉山口建有楚克旺耶纪念碑，又称为"108座佛塔"。该纪念碑建于2005年，是不丹王太后阿嬉多杰·旺姆·旺楚克为了纪念在剿灭盘踞在不丹南部阿萨姆反政府武装中丧生的不丹人以及祈祷世界和平而发愿兴建的。

　　离开廷布，旅游车行驶了大约15公里左右，我们在曼迪甘的豪族之家小憩。这里与其说是住宅，莫如说是城堡，居住在附近的老百姓都前来城堡里的佛堂礼拜祈祷，所以这座城堡还发挥着地方寺院的宗教机能。城堡建在一个小山坡上，周围的群山尽收眼底，令人心旷神怡。

旅游车大约行驶了 25 公里左右，就到达了普那卡。普那卡宗堡位于不丹中北部，海拔 1300 米。雄伟壮观的普那卡宗堡不仅是不丹最古老的城堡，还是不丹第二座大城堡，至今安详地依偎在父亲河和母亲河的交汇之处——普那卡河畔。它是不丹中北部山谷中海拔最低的城镇，因此气候温暖湿润。尽管位于顶峰终年积雪的喜马拉雅山脉脚下，但是果树繁茂，古木参天，流水淙淙。整个城镇安详地依偎在郁郁葱葱的森林之中，在珍贵树种花卉的装点之下，显露出古典优雅的风貌，远远望去，宛如梦幻中的世外桃源。

1637 年，实现了一统天下的不丹历史上第一位沙布东，即政教合一的最高统治者阿旺·纳姆加尔创建了普那卡宗堡。1955 年，不丹首都迁往廷布以前，普那卡一直是不丹的国都，即不丹的政治中心和国家政府所在地。几百年来，无比神圣的普那卡宗堡作为集政、教、法于一身的喇嘛教僧院兼城堡建筑，给不丹创造了统一与安定，在不丹国民生活和宗教信仰两个方面发挥了极为重要的历史作用。

我们首先参拜了巨大的经堂。1651 年沙布东一世阿旺·纳姆加尔在这座他亲自设计建筑的宗堡中圆寂，其法体至今被供奉在经堂中的鎏金佛塔里。1952 年，不丹第三世国王吉格梅·多尔吉·旺楚克（1952～1972 年在位）即位后，努力发展经济，对不丹进行了一系列的改革，努力维护不丹的国家主权和独立，在普那卡宗堡召开了第一次新型制度的国会。

18 世纪末至 19 世纪初，普那卡宗堡曾经遭受了四次火灾和地震的蹂躏。更为不幸的是 1960 年和 1994 年父亲河上游巨大的冰川融化，造成洪水泛滥，使普那卡宗堡长年遭受灾害困扰。

普那卡河两岸土地肥沃，连接普那卡宗堡的崭新的木制廊桥系四世国王吉格梅·辛格·旺楚克亲自指示修建。此外，父亲河与母亲河交汇处还兴建了现代化的桥梁。从普那卡宗堡的窗户俯瞰四周，只见一条清澈的河流在宗堡下静静地流淌而过，一直流向远方，而下游河水却湍急汹涌。我们一行人上香献茶之后，与普那卡宗堡的高僧共同欢聚一堂，一边饮茶，一边详细地了解了普那卡宗堡的历史和现状，大家都感觉口中的清茶格外清香。

归途中，我们顺路参观了位于母亲河与唐河汇合处的旺杜波德朗宗堡。这座宗堡坐落在高高的山冈上，脚下是奔腾而过的湍急河流，它是现存最古老的宗堡之一，也是维护和修缮最少的一座。旺杜波德朗宗堡保留着不丹最古老的建筑手法，展现在我们面前的依然是 17 至 18

世纪的古朴风貌。虽然宗堡的墙体已经略显斑驳，少了一份惊艳和亮丽，但是多了一份沧桑和典雅。几个世纪以来，旺杜波德朗宗堡一直拥有强大的政治经济及宗教势力，牧场肥沃，牛羊成群，奶酪制造业非常繁盛，此外还盛产精美的竹编手工艺品和石雕艺术品。

我们乘坐的旅游车途经了位于廷布峡谷入口处的西姆托卡宗堡。西姆托卡宗堡距不丹首都廷布市 8 公里，由沙布东一世阿旺·纳姆加尔于 1627 年兴建。整座宗堡格调高雅古朴，供奉着莲花生大师，此外还藏有八大菩萨最逼真的肖像以及一些精美的壁画和雕刻。这座最古老的宗堡曾经是不丹的社会、宗教、教育中心，如今已经改为佛学院，全院共有 200 余名年轻的修行僧在此修习佛学及佛教美术等。这些学有所成的修行僧毕业之后，将奔赴全国各地的寺院，从事弘法布教活动。在廷布，除了西姆托卡宗堡之外，在环绕廷布峡谷的山冈上也建有许多僧院和宗堡。

廷布与普那卡之间，横亘着景色蔚为壮观的多楚拉山口。过了海拔 3000 多米的多楚拉山口，被誉为"最后的香格里拉"的不丹王国的内陆方才向访客敞开了心扉。只见喜马拉雅山脉群山巍峨耸立，原始森林密布；原始巨木脚下露出的石楠树上布满了鲜红的花朵，群芳竞艳，路旁更是布满了数不清的无名花草，幽香扑鼻，沁人心脾，使人流连忘返。看到眼前这片喜马拉雅山脉的秘境，我不禁暗自思酌：把这片世外桃源完完整整地保存下去，这是我们全人类义不容辞的巨大责任。我们一行人抵达帕罗的奥拉唐酒店，已经接近黄昏了。

假面祭祀舞

帕罗峡谷的早晨格外清爽。帕罗风光旖旎，景致迷人，被称为不丹最为美丽的地方，称其为世界最为美丽的地方也不为过。

帕罗被称为不丹的门户，帕罗的重要性丝毫不亚于首都廷布。作为西部重镇，不丹政府在这里建有国家博物馆、电力工程、工艺美术中心和购物中心以及许多文化机构和宗教寺院。除了著名的帕罗宗堡外，市内还有一些规模较大的寺院，现在帕罗宗堡里仍然居住着200余名僧侣，每年春天举行盛大的帕罗戒楚节是当地最重要的宗教节日，吸引成千上万的当地居民和游客前往，场面宏大、气氛热烈、闻名遐迩。

古时候，帕罗位于连接中国西藏的两条最为重要的通商之路的要冲。现在，南下通往位于与印度国境接壤的重镇彭措林地区的新公路从帕罗峡谷穿过。峡谷四周，水田和小麦田宛如格布一般，一片片地向山冈上扩展，一直伸向天边。山冈上，村寨点点散落；山泉清流中，河鳟鱼成群结队，游来游去，戏水觅食，整幅画面使人仿佛置身于梦境一般。

山泉清流涓涓，汇集到了帕罗河。帕罗河发源于不丹人心目中的圣山，即海拔达7329米的珠穆拉里女神峰的分水岭，向南直流而下。帕罗宗堡就坐落于险峻的山崖之上，坐拥帕罗峡谷的迷人景致。帕罗宗堡曾遭受地震及大火的蹂躏，经过重修，才以今日的面貌展现在帕罗峡谷。建于海拔2000多米的帕罗宗堡被称为不丹历史上最坚固、战略地位最重要的要塞之一。不丹首都廷布的扎什曲宗堡重建之前，不丹的国会曾经在此召开。

帕罗宗堡有一个美好而动人的传说。相传8世纪中叶，莲花生大师在帕罗峡谷创建第一座寺院之际，一位喇嘛前往森林里去采伐建造佛堂所用的木材。当这位喇嘛口念经咒时，所需的木材竟然自动地来到了施工现场。更为不可思议的是，到了夜晚，施工现场出现了许多精灵，前来帮助村民施工。当地的村民至今仍然对这一美好动人的传说深信不疑，精心地保护着有关这一传说的马蹄印记。

1646年，沙布东一世阿旺·纳姆加尔在此基础上修建了规模较大的寺院。其后，经过长达几个世纪的不断扩建，成为当今宏伟的五层宗堡。在历史上，帕罗宗堡不仅作为政教合一的权力机构的象征，而且作为守卫不丹最为富庶的帕罗峡谷的堡垒，发挥了卓越的功能。这

巨幅唐卡画"滕德"

座宗堡使用石块堆建而成，所以被称为"宝石之山"或"堡垒上的珠宝堆"。

令人甚为遗憾的是，这座宝石之山及它所珍藏的"财宝"都毁于 1907 年发生的那场火灾，唯有宗堡里珍藏着的不丹珍宝——巨幅唐卡画"滕德"得以幸免灾难。这是一幅以丝绸和棉布制成的宗教卷轴画，堪称不丹佛画艺术中尺寸最大、最为精美的代表作。这幅唐卡，将佛教传入不丹的莲花生大师和他的两位妻子作为创作题材，整个画面人物生动、栩栩如生。不丹的佛教徒相信，只要向"滕德"虔诚地参拜，就一定能够抵达涅槃的境界。

每年三月末，长达五天的帕罗戒楚节最后一天的拂晓，这幅壮观至极的唐卡"滕德"对外公开参拜两个小时。如果错过了这一良机，就将又等待一年的时间。

现在，展现在我们面前的帕罗宗堡新建于火灾之后。宗堡内的墙壁上悬挂收藏着大量的假面和服饰，其中还有不少是14世纪的文物。其中不少珍贵文物都是遭受火灾后的帕罗宗堡的几任知事悉心收集的。屹立在山顶，可以俯瞰整个宗堡的圆形"塔宗"，古时曾用作帕罗宗堡的瞭望塔，现在已经改建为不丹国家博物馆。该馆藏有3000多件工艺美术品，颇为值得仔细地欣赏，被称为帕罗观光旅游的亮点之一。

位于帕罗宗堡中的帕罗寺的入口的晾台墙壁上，绘有一幅精美的佛画，极为形象而生动地描绘了天国、现世、地狱的景象，令人百看不厌，流连忘返。

上午9点，我们乘坐旅游车前往著名的虎穴寺参观。虎穴寺是不丹国内最神圣的寺院，并被誉为世界十大超级寺院，坐落在帕罗峡谷中的悬崖峭壁上。如果抱着旅游的目的，我想奉劝最好还是事先取消这个想法。因为虎穴寺建在空气稀薄的悬崖峭壁上，必须攀登极为险峻陡峭的山路才可以抵达。

据古代经书记载，公元8世纪时，将佛教传到不丹的莲花生大师曾骑着飞虎降临此地，在一处山洞中禅思冥想，并降服了山中的妖魔。莲花生大师当年冥想的山

建于悬崖峭壁之上的虎穴寺

洞，便是如今的虎穴寺，现已成为传法弘教之地。

　　来到山脚下放眼望去，建在悬崖峭壁上的虎穴寺笼罩着一片神秘的气氛。虎穴寺四周高达几十米的松柏参天，由上而下垂吊着一绺绺苔藓，如入仙境。山门前飞挂着一道瀑布，流水漫过级级岩石，注入一口深潭，而后落入下方几百米深的山坳，蔚为奇拔壮观。虎穴寺建于海拔900多米高的悬崖峭壁上，由于当年干扰莲花生大师弘法布教的恶魔，就是被花生大师在这悬崖峭壁上降服的，所以整个虎穴寺飘逸着一种令人难以靠近的威严气氛。

　　我们一行人刚刚登到半山腰，就有几个人已经累得筋疲力尽了。为我们担当导游的当地青年桑格，他的双脚矫健异常，只见他像一只羚羊似的轻快地走在我们的前方，即便身上还背着我们一行人的盒饭。我拄着桑格中途为我特意准备的木棍拼命地挪动着脚步，无奈双脚越走越沉，越走抬得越低。百般无奈，只能埋怨自己不争气的双脚。经过长达两个半小时的跋涉，我们全体人员终于平安地抵达了虎穴寺脚下的休息处。

导游桑格看到我们一行人似乎已经难以支撑下去的身体状态，开口相劝道："从这里再往上爬的话，就要冒生命风险了，因为随时都有可能失足而滑落到山下。"我们听从了他的好言相劝，面向悬挂在前方悬崖峭壁上的虎穴寺，合十遥拜。我们一行人中有两个年轻人发奋挑战，最终顺利地到达了目的地，令其他团员叹赏不绝。

我们在休息处用过盒饭，然后整理行装开始下山。在下山途中，我们目睹了一幅山间奇景，那就是山泉浴池。一个并不太大的木箱内装满了山泉水，将用山间篝火烧热了的山石投入木箱内，顷刻之间水温就升高了。这个山泉浴池大概已经有上百年的历史了。日本潮湿多雨，所以日本人每天都要入浴洗澡。看到眼前的这幅景色，我们都感到十分兴奋。看到一位年轻的母亲正陪着三个孩子洗澡，我就情不自禁地把"规矩"抛到了脑后，从旁边穿了过去。那位年轻的母亲望着我的好奇眼神，露出了和善的笑容。我急忙向他们母子打招呼："你们好！请慢用。"虽然山路崎岖陡峭，但由于是下山，所以一个半小时左右就返回到了山脚下。

归途中，我们一行人参观了距帕罗市内 14 公里处的杜克耶宗堡废墟。该宗堡建于 1649 年。当年，沙布东一世阿旺·纳姆加尔为了纪念不丹战胜吐蕃入侵者而建，别称"胜利的不丹人"。宗堡后来毁于火灾而成为古韵十足的宗堡废墟。背靠雄伟高耸的珠穆拉里女神峰的杜克耶宗堡在夕阳映衬之下，愈发美丽和壮观。

建于山冈上的杜克耶宗堡设计巧妙，整个宗堡只设有一个出入口，在宗堡的三个角上建有三座箭楼守护，箭楼内的通道连接远处的河岸，即使战争状态之下也可以确保水源。离开杜克耶宗堡的路上，我们透过车窗看到村寨里的年轻人正在拉弓练箭，靶盘设在小河的对岸，几乎发发命中靶心。据导游桑格介绍，帕罗戒楚节上设有射箭比赛，所以这些年轻人拈弓搭箭正在刻苦地抓紧练习。最使我们这些外来者困惑不解的情景是，村民们竟然在靶盘周围若无其事地走来走去，而毫无畏惧之感。原来村民们完全信赖这些射手的箭法，绝对不会发生脱离靶盘的意外事故，所以才能够我行我素、毫不在意。听到导游桑格的详细介绍，我们大家叹为观止。

3 月 15 日，我们终于盼来了期待已久的帕罗戒楚节的压轴戏"假面舞"的日子。当天，帕罗宗堡前的广场上人山人海，大活佛以及帕罗宗政府有关部门负责人等鱼贯入场，在主宾席上就座。我们一行人作为贵宾被安排在帆布帐篷下的折叠椅就座，一般来客观众则在山坡的斜面席地而坐。只见一般来客观众席上万头攒动，人海中身着镶嵌金丝银丝的民族服装的女性十分醒目。举目望去，山坡上仿佛盛开着无数绚丽夺目的花朵，格外壮观。

帕罗戒楚节上的"假面舞"并没有特别高难度的动作，行舞者多为僧侣，身着华丽而典雅的服饰，头戴各式宗教面具，脚蹬绣花牛皮靴，手持各式法器。伴随着唢呐、手鼓、铙钹、竹笛、铜锣等乐器发出的铿锵有力而舒缓悠扬的韵律，一边吟唱着美妙旋律的传统歌曲，一边翩翩起舞。舞蹈动作形象有力，或快速旋转，或折体弯腰，或空中高跳，舞蹈情节富于戏剧性，引人注目，扣人心弦。

舞蹈情节内容以圣人降妖伏魔、信众驱除邪恶势力等为主，大多源于佛教故事或古老神话，其中最为有名的是黑帽舞。黑帽舞表述的是9世纪初佛教瑜伽士巴契多杰，在公元842年慈悲手刃统治西藏的暴君朗达尔玛的传说。黑帽舞被公认为是史诗舞蹈。

崇奉本教的吐蕃末代赞普朗达尔玛（838~842年在位）统治西藏期间，大肆迫害僧侣，极力摧毁寺院，几乎消灭了整个西藏地区的佛教，是佛教徒和佛教信仰的法敌。

骸骨舞

　　巴契多杰是精进修行的瑜伽士，唯恐佛法式微，决心行刺暴君朗达尔玛。他虽然深知此举为杀生罪业，但是身为菩萨，他决定为了拯救众生而甘愿牺牲自身。于是巴契多杰前往拉萨参加了在朗达尔玛王座前举行的舞宴。他佯装以舞蹈供养，将弓箭指往暴君，箭头正中心脏，暴君顿时毙命，而巴契多杰机智勇敢地得以脱身。最终，巴契多杰挽救了佛教，拯救了西藏。

　　黑帽舞赞颂消灭黑暗势力的圣人，其核心意涵为慈悲。原本为寻求精神开悟的修行者所舞，现在一般也由僧侣行舞，多在寺院内举行，成为宗教庆典的重要节目之一。

　　骸骨舞也格外动人心弦。舞者头戴骸骨面具，在坟地翩翩起舞，借以教诲告诫世人这样一个道理：人生如梭，光阴似箭，如果过于贪图享乐，则将引来杀身之祸或灭顶之灾。

总而言之，帕罗戒楚节的舞蹈节目大多以善人往生、恶人入地狱为主要情节内容。绚丽的色彩，神秘的面具，轻重缓急、诙谐幽默，充满了宗教意涵的舞姿，淋漓尽致地展现了异域文化的无穷魅力。

此外，头戴面具的丑角的串场即兴表演也分外滑稽和生动。丑角的滑稽演出一般为自编自演，即兴而舞，发挥着活跃场内外气氛的重要作用。帕罗戒楚节上的舞者来自不丹全国各地，由十几位年轻姑娘组成的演出集体，分别表演了各自拿手的地方歌曲，引来了饶有兴致的观众一阵阵热烈的掌声。广场四周，贩卖各地土特产的卖摊比比皆是，其中不乏模仿加工的"古董"。我们在摊位中转来转去，寻找着各自需要的奇特"宝物"，度过了兴奋而愉快的宝贵时光。

当天下午，我们前往位于帕罗宗堡内的不丹国家博物馆。该博物馆由古时用作帕罗宗堡瞭望塔的圆形"塔宗"改建而成。馆藏3000多件工艺美术品，展品内容十分充实，大大出乎了我的意料。其中几幅8世纪制作的唐卡颇为引人注目，其工艺水平之高，保存状态之完美，令人深为吃惊。贝内达布馆长曾经去过日本，他亲自热情地带领我们参观了全馆，为我们做了详细的介绍，令人顿生不虚此行之感。

16 日上午，我们从清晨就赶往帕罗宗堡广场，继续观看帕罗戒楚节的舞蹈节目。当天上演的是兽面舞。12位头戴十二生肖面具的舞者翩翩起舞，舞姿多变而整齐划一，扣人心弦。但是，其中几位舞者在长达两个多小时的舞蹈中，略有舞姿疏忽失误之处，引来了场外观众们的一阵阵笑声。

当天午后，我们前往不丹最古老的寺院祈楚寺参观。该寺坐落在帕罗峡谷，公元 638 年由松赞干布所建，是当年用于除妖降魔的祈祷处所，寺内供奉的释迦牟尼八岁等身像是不丹最为神圣的佛像之一。8 世纪，莲花生大师曾经加以改建。其后，历代多有扩建。1830 年兴建了中央佛堂，更换了镀金屋顶。1968 年，不丹王后发愿在这古寺旁建造了一座风格相同的新寺院。此后，祈楚寺不仅成为不丹佛教信众重要的朝拜圣地，还成为不丹皇室举行庆典的重要场所。

祈楚寺正殿供奉着八尊铜质佛像，为犍陀罗样式的菩萨像，铸工精美，甚为庄严，实属罕见佳作。尤其是服饰的线条行云流水，优美异常，可以称之为犍陀罗造像的典型。我们一行人都暗自庆幸：如此古老而精美的佛像得以完好无损地保存下来，令人欣慰。祈楚寺方丈乔耶达长老特意亲自主法，在唢呐、手鼓、铙钹等法器的嘹亮而优美的法乐声中，为我们一行祈祷了福寿安宁。

兽面舞

祈楚寺殿堂内的壁画也分外优美庄严。据介绍，这是一幅创作于12世纪前后的释迦牟尼佛壁画。由于年代久远，加之香火长年熏染，直至前些年，画面内容已经难以分辨。近年来，在中国专家的援助下，这幅弥足珍贵的壁画终于得以重见天日，重新向世人展示着它那迷人的魅力。当天，我们一行人都如醉如痴，完全陶醉于极为难得的佛教美术的艺术享受之中，竟然忘记了供奉香金。第二天一早，我们又特意再次前往参拜，并供奉了香金，表达了我们的虔诚心愿。

离开不丹的当天上午，我们参拜了帕罗宗堡内的寺院。据介绍，每逢戒楚节，寺内的喇嘛基本都要参加有关活动，所以寺内显得异常寂静，只有几位喇嘛负责照看管理寺院。戒楚节的前一天，我们看到寺内的僧众都集合在宗堡前的广场上进行彩排，由大喇嘛及上层喇嘛们亲自监督指导，表情十分严肃而认真。

帕罗宗堡内的寺院佛堂的墙壁上绘有十分精美的壁画。首先，名为"八吉祥"的八个象征吉祥幸福的藏传佛教的缘起吉祥法纹格外醒目。这种吉祥法纹属于曼陀罗的一种，八个图案分别表示佛体的各个部位。其中莲花纹象征通往开悟的境界；吉祥法纹不仅见于神圣的场所，而且民居和一些公共场所也随处可见，从中可知不丹国民佛教信仰之虔诚笃深。

其次，由描绘着莲花生大师传法传记的佛画及形式多彩的佛画装饰的各个殿堂，庄严肃穆。这些精美的佛教艺术绝作与帕罗峡谷的旖旎风光交相辉映，深深地镶刻在了我们每一个人的记忆之中。

归途，我们依然搭乘那架由具有高超技艺的飞行员驾驶的不丹皇家航空公司的班机，依依不舍地离开了世界上最后的香格里拉——不丹王国。

第五章

六祖大师传

天才的觉悟

　　佛教发源于印度，传入中国以后，得到不断弘扬和发展。日本茶道之祖千利休在《南坊录》中论述道："小草庵之茶汤，首先以佛法为修行得道之根本。讲究茶室排场，追求美味佳肴，乃世俗之举。屋能遮雨，食能解饥，足矣。此乃佛陀之教诲、茶汤之本意。"千利休的这段精辟论述，淋漓尽致地表达了茶道精神的精髓，自古以来被视为千利休的名言绝句。

　　千利休在这里谈到的佛法，指的是佛教有关禅的教理教义。毋庸赘言，禅佛教早已存在于印度佛教之中，但是尚未形成"禅宗"这一流派。所谓印度佛教中的禅还只不过是寻求解脱的一个手段，强调主张禅定，即极为重视禅定冥想。

　　与此相对，由达摩大师传入中国的印度禅，在中国化的历史进程中不断地发展变化，进而成为中国佛教的主要宗派之一。中国禅强调主张彻见自身本性，即极为重视悟道和见性成佛。中国禅不仅仅继承了印度禅的禅

三祖师图之只履达摩（白隐慧鹤绘，现收藏于鹿苑寺）

定冥想的传统解脱手段，而且提倡通过行、住、坐、卧等极为普通的日常生活的实际体验，达到得悟成佛的最终目的。

换而言之，中国禅超越了印度佛教传统的冥想主义，以人性的自觉为首要命题，将印度佛教所主张的自我内观的世界，转化为注重与现实日常生活相结合的中国式的现实主义立场。

中国禅宗尊达摩大师为初祖，慧可为二祖、僧璨为三祖、道信为四祖。传至五祖弘忍的时代，中国禅的基础已经初具规模。五祖弘忍倡导坐禅与作务双修并行。由于印度的佛教教团严格禁止作务，所以弘忍的教学主张被视为具有划时代的革新意义。

五祖弘忍（601～675 年）主张：既然世人的真性皆为平等清净，因此所谓低贱卑下的作务即劳作，正是佛道修行的必由途径。

六祖慧能（638～713 年）进一步地发展了五祖弘忍的教学主张。慧能强调：人的所谓尊严，并不是一个抽象的概念。通过自身的宗教实践，慧能验证了中国禅宗的一个重要理论主张：人通过行、住、坐、卧等日常生活的实践就能够成佛。因此，可以说中国禅的飞跃发展始于六祖慧能。

六祖慧能以后，印度禅深深地植根于中国大地，进而取得了长足的发展。当时，恰值 7 世纪中叶的唐高宗时代，中国的唐王朝开始迈出强有力的步伐走向全盛。时值日本天智天皇的时代，"大化改新"稳步进行，日本进入了确立以天皇为中心的中央集权国家体制的重要历史时期。

慧能，生于中国南部的广东省新兴县新州，俗姓卢，后人一般称他为卢行者。三岁丧父，由其母一手抚养成人，借用现代语言来讲，慧能出身于典型的"单亲家庭"。

因此，少年时代的慧能饱尝了人世间的艰辛困苦。由于家境极为贫困，靠卖菜和贩柴维持生计，因而求学无门，不仅目不识丁，而且身材瘦小，相貌平平，毫无风采。但是，这位相貌不扬的弱者却是一位具有禅学素养的天才少年。

某日，这位少年照常出门去集市上贩柴。路过一所民宅时，他偶然耳闻诵经之声，经文为《金刚经》中的一节。当他听到《金刚经》的精髓之句"应无所住而生其心"后，他不禁为之一震，浑身上下、里里外外产生了极为强烈的共鸣感应。

"应无所住"的大意是说：只有脱离了执著心的人才没有停止之处。"而生其心"的大意是说：应该将心面向各种各样的对象。凡事须豁达自如，随遇而生心，随物而鸣放，不可为客观环境迷惑身心，而应该自由自在地应对周围瞬间万变的环境。这就是《金刚经》所倡

春屋妙葩墨迹"应无所住而生其心"（现收藏于相国寺）

导的真实境界。

五祖弘忍援用《金刚经》阐明禅宗宗旨以来，此经被视为禅宗至为重要的经典而广泛唱诵。但是，贩柴少年对此当然一无所知，只是偶然闻之，就以其超人的感性接受了下来。他刻不容缓地冲进这户人家，开口就问："这经文是在什么地方学到的？"这家户主回答道："是在黄梅山弘忍禅师那儿学的。"从此以后，贩柴少年就萌发了出家为僧的远大志向。

少年虽然心怀出家为僧之志，但是又不忍心抛下年迈体弱而不能自食其力的母亲独自出走。于是，他从早到晚拼命地劳作，以便为日渐衰老的母亲积攒足够日后独自生活的费用。同时，他开始逐渐亲近当地的智远和尚，参学佛法。

24岁那一年，这位卢青年终于在智远和尚的劝导下立志出家，投身佛门，实现了少年时代的夙愿。

蕲州东山禅院就是闻名于世的东山法门。有缘投身于平素敬仰已久的五祖弘忍大师门下，他感到异常兴奋。

五祖弘忍禅师见到眼前风尘仆仆远道而来的青年，劈头就问："居士来自何方？为何而来？"卢青年答道："我是岭南一介庶民百姓，拜您为师，是为作佛，别无他求。"五祖顿觉这位青年脱俗不凡，于是追问："岭南卑贱山猿，居然还想作佛？"卢青年随即答道："人固有东西，佛性无南北。"

五祖闻言，顿时意识到这个青年就是自己多年来苦苦寻求而不得的慧才。正所谓青年欣逢值得崇拜敬仰的良师，禅师喜遇可资培养教化的弟子。这就是世间至为难得的师徒相遇之缘。

五祖弘忍禅师应允卢青年挂单滞留，随众劳作，并将其领到碓房。从此以后，受命舂米的卢青年日复一日，专心致志，劳作不息。

当时，世间广为敬仰五祖弘忍禅师的道风，远近慕名而入东山法门的修行者多达七八百人。修行生活之艰苦，倾轧竞争之激烈，超乎想象。卢青年被僧众称为"卢行者"，所谓行者，是指以在家之身，身居佛寺精进佛道的修行者。由于他羸弱瘦小的身体牵带不动石碓架，所以只好在腰间拴上一块石头踏碓舂米。卢行者当年这副舂米的身姿，常被后人入画，大概不少人都欣赏过这一题材的禅画吧？

世间凡事都有一个相同的道理：最为他人厌恶的艰苦劳作，凡人往往很难默默无闻地持续下去，一般都向往轻松悠闲的环境而想方设法脱离困境。然而，卢行者的一举一动完全超出了常规，只是专心致志地埋头舂米。卢行者以这一看似平凡无比的日常实际行动，在凡人与圣者之间画出了一条鲜明的分界线。

八个多月后的某日，五祖弘忍禅师自感存世余日不多，计划开始甄别挑选嗣法的六祖。具体的方法是：吩咐门下七百余弟子将各自参禅修行所悟的"境界"作偈呈验，依禅解的深浅来决定法嗣人选。

所谓"偈"，泛指表达宗教内容的诗句，达摩祖师以来，历代祖师所做偈颂多有传承。中国佛教寺院里，将禅僧所做偈颂装裱成条幅，左右成对悬挂在殿堂墙壁上，中国佛教的这一传统形式也传入了日本。室町时代末期，日本的房屋建筑结构受中国禅宗建筑式样影响，客厅中出现了用于悬挂卷轴书画及摆设花瓶等装饰物的所谓"床间"（即壁龛）之后，日本人将禅僧的一句或数句"偈"装裱成卷轴悬挂，成为流行于世的室内装饰。此外，茶室这一建筑形式创立普及之后，禅宗僧侣的"墨迹"（即书画作品）被作为"茶挂"装饰茶室，被视为至宝而广为珍重。

且说五祖的告示公布之后，僧众中有志者纷纷冥想以便做偈示众。其中寺内首座神秀所做之偈最为优秀，一时广为传诵。僧众都窃窃私语，猜测首座神秀当为六祖的最佳人选无疑。

神秀所做之偈张贴到了墙壁上：

身是菩提树，
心如明镜台。
时时勤拂拭，

莫使惹尘埃。

　　此偈的大意是说：每个人的身心本来都是清清静静的，只是由于沾染了烦恼的尘埃而踏入了光怪陆离的迷惘世界。所以，必须要时常拂拭身心的污秽。

　　神秀嗣法五祖以后，曾被唐则天武后召请入宫讲经说法。此外，中宗即位后给予厚礼相待，睿宗也对他倍加尊崇，世人称之为"三帝国师"。

　　神秀的学说主要流传于华北，以及长安和洛阳的京畿地区，尤其流行于长江以北的地区，所以习称"北宗禅"，曾盛极一世。但是，北宗禅的宗旨中残留着不少印度佛教的遗风，由于并不适合中国的国情，流传数代以后就销声匿迹了。

　　神秀所做之偈公布后，僧众都以为他肯定将嗣法而为六祖。寺内的僧众，就连小和尚也唱诵起他的偈来。在碓房舂米的卢行者听到小和尚哼唱的偈语，略加思索却不以为然。于是，自己也信口唱出一偈，求他人书于纸上。偈云：

菩提本无树，
明镜亦非台。
本来无一物，
何处惹尘埃。

其中"本来无一物"是最具代表性的禅家名句。大意是说：世间本来不存在任何实在物质，从至高无上的般若大智的观点来看，甭说污垢，就是一尘一埃都不存在。

神秀之偈，主张渐修主义，即强调由低处渐次向高深境界修行。与此相对，卢行者之偈，直接剖析人的本性，清晰而明快。后人将卢行者的宗风称为"顿悟禅"，即顿时而迅然觉悟之意。慧能强调迅速快捷，主张修行不必局限于阶段和顺序，哪怕短短的一天也可以开悟。

五祖看到卢行者的这首偈后，翌日独自一人来到卢行者舂米的碓房，目睹卢行者为了增加自身的体重，在腰间系着一块石头舂米的模样，不禁感叹而言："热心求道之人，乃忘我者也！"于是启口问他："米舂好了吗？"这是在借机试探卢行者"你已经得悟了吗？"卢行者答道："米已经舂完，只是尚未筛过！"意思是说，"我虽然已经得悟，但是还没有梳理妥当。"五祖随即吩咐卢行者当晚前来丈室，然后转身离去。

子夜，五祖向应命前来的卢行者宣讲《金刚经》。当五祖讲到"应无所住而生其心"一句时，卢行者顿时觉得大彻大悟，对自身之禅悟产生了绝对的自信，不禁喜形于色，仿佛飘然行空。他感觉到自己的本性无生无住，本来清净。若生此心，则将从所有心的束缚中解脱出来，而成为自由之人。此时此刻，卢行者眼前不禁浮现出少年时代为了赡养年迈的母亲而沿街卖菜贩柴的艰辛困苦的日子。

五祖见状，十分欣慰地叮嘱卢行者："即使通读万卷经书，若不能认识自身，终究毫无益处。一旦识得本心而开悟，即可称佛。"说完，就把"衣"和"钵"授予卢行者，并谆谆叮嘱卢行者："从今日起，你便是禅宗法门的第六代祖师，弘扬佛法、济世救民的重担就落在你身上了！"后世把传承传统技艺等称为传授"衣钵"，就是起源于此。

印度禅，注重坐禅冥想。可是，卢行者既没有出过家，也没有坐过一次禅，却成为了五祖的法嗣。最初，卢行者只是偶然在贩柴途中耳闻佛经而有所感悟，以后，又在五祖门下度过了八个月的舂米生活。一个没有接受过任何教育的贫穷乡村青年，在"舂米"这一极为简单而平凡的日常劳作中，获得了可以与坐禅相匹敌的宝贵体验。这是印度禅在中国的一大发展，具有划时代的历史意义。

卢行者的实践经验揭示了这样一个真理：所谓"开悟"，不一定必须通过坐禅这一修行手段。各种各样的日常工作体验中都蕴藏着开悟的可能性。为此，当今日本禅林中依然十分注重劳作，脱离了劳作的修行是不存在的。

善提本無樹
明鏡亦非臺
本來無一物
何處惹塵埃

六祖唐臼图（近卫信伊画并题赞，现收藏于大光明寺）

这样，五祖把衣钵传给了一个大字不识的一介乡村出身的行者。五祖担忧，如果僧众得知衣钵传给了舂米的行者，一定会愤愤不平而出现骚动。于是当下悄声地嘱咐卢行者："你出身低微，如果僧众知道我将衣钵传给了一个舂米的行者，一定会有居心叵测之人加害于你。所以，你今夜就速速离开这里到岭南去，隐姓埋名，藏匿深山，不可轻易出来，等待时机成熟，弘扬禅法，利乐众生。"

黄梅山晨曦微露之际，卢行者肩负行李，携带着五祖传授的衣钵悄然上路，从九江乘船向南而下。

见性成佛论

卢行者嗣法五祖后，离开黄梅山乘船一路南下。但是他万万没有料到，自己前进的路上隐藏着一场针锋相对的交锋。

卢行者从九江乘船南下，然后上岸前行，途中必须经过大庾岭。大庾岭位于江西省南安府大庾县以南二十五里处，横亘在江西、湖南和广东三省的交界处，构成了中原通往岭南的一道天然屏障。自古以来，一般将大庾岭以南称为岭南，而将大庾岭以北称为岭北。岭上多有梅花，所以又称梅岭。在大庾岭下一条崎岖的山路上，卢行者正奋力地沿着山路向上攀登。

话说黄梅山上，僧众不久就闻知春米的卢行者得了五祖的衣钵，天亮之前已经下山而去。因此，整个寺内不满情绪极为高涨。有一部分人甚至认为简直是岂有此理，表示一定要设法夺回衣钵，几个血气方刚的修行僧争先恐后地跑出去跟踪追赶。

前往追赶的僧众中有一个血气方刚且逞强好胜的汉子，即曾经当过四品将军的慧明和尚。这个满腔充满正义感的慧明和尚步履矫健，最先赶到了大庾岭，追上了卢行者。其后，卢行者和慧明和尚二人之间的言来语往，在中国宋代临济宗杨岐派僧无门慧开所撰的《无门关》第二十三则"不思善恶"等禅宗史籍中均有详细记述，整个情节过程起伏跌宕，颇富戏剧性。

气喘吁吁地追赶而来的慧明和尚一见到卢行者，就劈头厉声诘问道："喂！你一个春米的行者，居然把五祖传法的衣钵拿走了，成何体统？虽说是我师父授予你的，可你也应该主动辞退呀！赶快交出来吧！"

卢行者见慧明和尚来势汹汹，于是就将衣钵放在凸凹不平的石块上，格外镇静地答道："我从师父手上接下来的这副衣钵是佛门至宝，是验证嗣法的信物，怎么可以动用武力争来夺去呢？既然和尚无论如何也要强力索讨回去的话，那就放在这里任由你拿走好了。"

慧明和尚见状，就伸手去取石头上的衣钵。《无门关》中对此描述道："明遂举之，如山不动。"这就是说衣钵仿佛生了根一样纹丝不动。慧明和尚见状惊讶异常，遂暗自思忖：眼前这不可思议的情景到底是怎么回事呢？

慧明和尚反反复复地看着衣钵和卢行者，才逐渐地恢复了理智，因为慧明和尚原本是一个性格憨厚淳朴之人。慧明和尚不禁战战瑟瑟、诚惶诚恐地反省：自己刚才的所作所为乃是一时冲动的浅薄之举。于是他低头对卢行者说："慧明我只顾一心求法护教，并不只是为了索回衣钵。能否请行者将师父所授之法教示与我呢？"

卢行者点了点头，然后看着慧明和尚说："好！在你的父母没有生下你之前，你既不考虑什么是善，也不考虑什么是恶，这个时候你的本来面目是什么呢？"（"不思善，不思恶，正与么时，那个是明上座本来面目？"）

慧明生于江西省鄱阳，俗姓陈。一说为齐宣帝的世孙。慧明生性鲁莽，后来出家永昌寺，仰慕五祖道风而入其门。慧明长年参修，谙熟佛法，并且深知佛法的尊严。他虽然还没有抵达大悟的境界，但是已经具备了极为良好的素质。当下，面对卢行者"哪一个是你父母生下你之前的本来面目"之问，慧明方才恍然大悟。

禅，将诸如此类的"开悟"因缘称为"当机"，也就是我们常说的"刻不容缓，当机立断"。在日常生活中，我们每个人都会遇到许许多多的机遇，如果漫不经心或神志不清，则将坐失良机。如果每日持续不懈地参禅修行，就能不失时机地把握机遇，不会疏忽地放过任何征兆，从而与"当机"相逢，眼前展现出一片宽广而崭新的世界，这就是"开悟"。慧明就是邂逅了"当机"。

卢行者所提出的"本来面目"之问，与禅修者一向冥思苦想而苦苦追求的"禅究竟是什么"这一疑问如出一辙，归根结底，这就是参禅的最终目的。在卢行者的一句诘问之下，慧明对五祖平素教诲的真实宗旨大彻大悟，茅塞顿开。

卢行者与慧明在大庾岭上的一连串问答，被后人世世代代地讲述传承，直到今日仍被日本禅门日夜参研。每逢云水僧入门拜师，僧堂的老师一定要端出这一公案。云水僧为了究明"本来面目"而夜以继日、呕心沥血地禅修不止。

且说因耳闻卢行者的诘问而大彻大悟的慧明汗流浃背，泣而拜曰："感谢师父指点迷津，方才师父的真言密语，是否还有其他更为深奥的含义呢?"卢行者叹而答道："方才，我对你讲的，绝不是什么秘密。你如果能返照自身不善不恶的本来面目，秘密就将成为你自己掌中之物。佛性本来就没有任何秘密可言的。"

慧明听后不无惭愧地反省道："我在黄梅山与僧众一同修行多年，但实际上根本没有明了自身的本来面目。现在得到了师父的教示，方才醒悟。我直到现在才体验到：这就好比饮水一样，只有张口饮过，才能够知道冷暖的滋味。师父，您今后就是我的恩师了！"

卢行者点头答道："既然如此，我们二人就是以黄梅山弘忍大师为师的同辈弟子，咱们齐心协力来护持五祖的法脉吧！"于是，卢行者和慧明二人紧紧地握起手来。

其后，慧明移居江西庐山东南山麓的布水台，驻锡三年。三年后移锡同省的袁州蒙山，大力举扬五祖道风。慧明晚年，由于过于尊崇慧能为师，所以避讳"慧"字而取"道"字，自号"蒙山道明"。

当年，卢行者与慧明分别后，随即下山，隐遁山中猎户之家，专心修身养性，以待出世的机缘。这是因为在黄梅山告别五祖之际，五祖曾经谆谆告诫："逢怀则止，遇会则藏。你现在显现于世人面前还为时过早。要隐遁深处，闭门修炼。将来，你终归要为人天之师，讲法说教，所以要闭门潜身，深究佛法大意。"

卢行者遵从五祖弘忍大师的教示，隐姓埋名，藏身深山老林数年，渐渐地被世人遗忘了。

仪凤元年（676 年）初夏的某日，天高气爽，风轻云淡。在广东省广州市西北的法性寺，当家住持印宗禅师大摆法筵，畅讲《涅槃经》。

法性寺寺址本为西汉南越王赵佗三世孙赵建德的府邸。三国时代称为制旨寺，唐贞观九年（635 年）改称乾明法性寺，宋代又改称为光孝寺，为岭南历史最为悠久、影响最为深广、规模最为宏大的名刹。

住持印宗禅师为江苏省吴县人，曾奉敕住持大敬爱寺，以精通《涅槃经》闻名于世，也曾经师从五祖参学禅宗法门。

当天清晨，由于当家住持印宗禅师开讲《涅槃经》，所以法性寺四周喧闹非凡。寺前高挂着告示讲经的法幡，一群大众围在法幡四周，争论不休。原来，一位寺僧看见随风飘然而动的法幡，张口就说："那是幡在动。"另一位寺僧则反唇相讥道："不对！那是风在动。"二人互相争执不下。围观的一般大众也随之分为两派，争论不断激化。

这时，一个衣衫褴褛的行者分开人群，走了过来。这位行者开口对众人说："我们眼前，既不是幡在动，也不是风在动，而是观望者自己的心在动。"

这句斩钉截铁般的果断结论，使陷于争论的对立双方都哑然失声，十分诧异，甚为不解。寺僧随即匆匆忙忙地把眼前发生的一切禀报给住持印宗禅师。

印宗禅师闻之，当即传呼行者入寺，并提出种种难题试探盘问。行者泰然自若，言简意赅地回答了印宗禅师的试探盘问，句句仿佛至理名言，响彻耳畔。印宗禅师曾耳闻五祖弘忍大师传法南方，因而揣测此人一定就是六祖，于是便问："久闻黄梅法衣南来，莫非就是行者？"慧能当即出示了五祖所传的衣钵，眼前的衣钵证实了印宗禅师的揣测。原来这个行者就是曾经在五祖门下舂米的卢行者。卢行者隐姓埋名，韬光养晦，数年之后终于以一个学问渊博的崭新面貌，堂堂正正地出世了。

印宗禅师随即请卢行者入上座，接着求问道："黄梅弘忍大师咐嘱之法是什么呢？"卢行者答道："我师父并没有对我咐嘱什么特殊之法。我也只是论见性，而不谈禅定解脱。"这句答语，实际上对决定中国禅的走向具有十分深远的历史意义。

众所周知，印度禅以解脱即脱去烦恼达到安然心境为目的。与此相对，中国禅传至六祖时代就明确地宣称和阐扬"见性"，即彻见自身本性而悟道，这一切又都是通过六祖亲身的体验得到了验证。六祖所倡导的并不是历来的单纯坐禅，而是力图通过日常生活，即所谓行住坐卧来实践和验证作佛。在饮食、清扫、劈柴、耕作等平凡至极的日常生活万般琐事中，才可以发现最为深奥、最为广泛的宗教尊严。简而言之，六祖慧能力图从形式上、从自身上来把握"一切众生本来即佛"这一命题。所谓"见性"之说，就揭示了上述禅悟的境界。

卢行者在法性寺现身于世之后，由印宗为其落发，登上求那跋罗三藏当年所建的戒坛，从智光法师受具足戒，正式出家，改名为慧能。

翌年，慧能辞别法性寺僧众，移锡广东省曹溪宝林寺一年左右，大举宗风，教化育成众多弟子。其间，神龙元年（705 年）中宗皇帝遣使召请慧能，慧能佯病未应。历史上，禅家与国家权力无缘，而常与民众共存。皇帝敕令将宝林寺改为中兴寺，又赐法泉寺匾额。

后来，慧能将家乡新州的旧宅改为国恩寺，建报恩塔，驻锡于此。先天二年（713 年）八月三日，六祖慧能圆寂于该寺。

六祖慧能在法性寺显露世间以来，经历了三十六年的教化生涯。六祖慧能的师兄神秀传教于北方，而他本人则活跃于南方，因此后世称他们所传禅法分别为"北宗禅"与"南宗禅"。北宗禅历经数代便销声匿迹，继而失传；南宗禅则日益蓬勃发展，不断深入民心，广为流传世间。佛教东渐，南宗禅传入日本以后，更加发扬光大，其法脉至今在日本仍得到了大力的护持和严格的传承。

当年，卢行者辛勤劳作，赡养老母，历尽苦难。而后，他告别故土，踏上了追求真实自我的漫长而艰辛的参禅修道之路。最终，卢行者嗣法五祖，以六祖慧能之身衣锦还乡，经历了极为波澜壮阔的一生。

昭和六十年（1985 年）四月，我终于实现了参拜巡礼六祖慧能大师的夙愿。四月一日，我由位于浙江省的著名旅游胜地杭州搭乘飞机，一路南下飞往广东省广州市。有生以来，第一次造访中国南方的知名城市广州，心情不免格外激动。

六榕寺的六祖堂与大榕塔

　　我搭乘的中国民航的班机，由杭州大约飞行了两个小时左右，就抵达了广州。

　　来到坐落在风光旖旎的沙面岛上的广州白天鹅宾馆，我不禁为白天鹅宾馆壮观的外形和优雅独特的室内设计而震惊。广州市被称为中国首屈一指的市场经济模范试点城市，百闻不如一见，果然名不虚传。

　　翌日，我参拜了期待已久的六祖慧能大师。身为异国禅门法孙，当我双脚踏上祖庭之地，不禁感慨万千。

六祖大师铜像

　　首先，我前往广州市佛教协会所在地六榕寺拜访。令人遗憾的是，六榕寺方丈本焕长老外出未归，知客广明法师出面迎接。在广明法师的带领下，我来到祖师堂，在祖师堂的六祖大师铜像前诵经礼祖。

　　这尊六祖大师铜像微微发黑，光泽深沉，栩栩如生。当我仰望六祖大师尊容之际，六祖大师仿佛用那无比慈祥的目光，格外深情地注视着我这个来自异国他乡的禅门法孙，我不由得思绪万千，感慨无限，热泪盈眶。

六祖慧能大师所倡导的"本来无一物"之教诲，意味着人世间本来不存在任何之物，这就是般若至高无上的大智大慧。世人生来即为佛，所以无尘无埃，无垢无秽。只有置身于"无"之心境，才能够成为真正的自由之人。

接着，我拜访了光孝寺。光孝寺被誉为岭南名刹，伽蓝规模宏大，果然名不虚传。但是，寺内看不到僧人的身影，现在作为广州的名胜古迹之一对外开放。寺中六祖堂内的墙壁上，绘有《风幡问答》的壁画。看到这幅壁画，不禁使我想起了六祖慧能大师横空出世的传世佳话。触景生情，难免令人心头平添几分凄凉的感觉。

光孝寺内，当年曾经高树法幡的"大悲幢"损伤状况较为严重。六祖慧能大师曾经剃发之处"遗发塔"作为七僧塔保存了下来，但是也残损不堪。

光孝寺内的羊蹄甲花竞相开放，姹紫嫣红、艳丽可爱、景色奇特，仿佛在向世人倾诉着岁月的流逝和时代的变迁。

我由衷地期盼：六祖慧能大师当年出世演法的名刹——光孝寺能够早日重现辉煌。

第六章 临济寺复兴

临济禅师塔

1990 年 5 月，日中友好临济黄檗协会派遣第十次访华代表团一行四十人前往中国。此次代表团的主要目的是，向建于河北省正定县临济寺祖师堂的传灯堂，赠送将中国禅传入日本的荣西、南浦、隐元三位祖师的法像。

日中友好临济黄檗协会创立于昭和五十四年（1979年）。日本临济宗的十四个宗派的本山及黄檗宗，联合创立了这一对外友好交流组织。

日中友好临济黄檗协会的创立宗旨是，进一步推进日中两国的友好往来和文化交流，兴隆佛法，促进世界和平。此外，该协会的具体业务还包括发行会刊，举行讲演会，举办墨迹、绘画、摄影等展览，以及组织访华团巡礼参拜中国禅宗祖庭等。

当时，由于中国刚刚对外开放，外国人访问中国必须通过所在国家的某一团体，向中国政府有关机关部门或有关团体提出申请，然后持中国有关方面的邀请函，方可办理参观访问的具体入境手续。日中友好临济黄檗

供奉于中国临济寺传灯堂内的三祖师像

协会就是在这样一个时代背景下创立的。

昭和五十五年六月二十日至七月三日，日中友好临济黄檗协会第一次派遣了访华代表团。此后，每年都陆续地派遣访华代表团，巡礼朝拜祖庭，开展各种形式的友好交流活动。

第一次日中友好临济黄檗协会访华代表团的团长，由已故临济宗妙心寺派管长山田无文老师担任，副团长是临济宗南禅寺派管长胜平宗彻老师和黄檗宗管长村赖玄妙老师。访华代表团的其他成员包括临济宗各派的宗务总长或部长，都是各派的主要领导人物，可以称为临济宗和黄檗宗的最强阵容。

作为日本临济宗和黄檗宗的代表，第一次日中友好临济黄檗协会访华代表团首次实现了参拜临济寺的夙愿。全团成员伫立在青瓦葺顶的八角九层的临济祖师塔前，礼拜诵经。当时，临济祖师塔已经荒废不堪，塔顶的砖瓦仿佛随时都要坠落下来。触景生情，我们全体访华团成员的心情都十分悲哀，纷纷表示：作为临济祖师的法孙，我们一定要用实际行动，为早日修复临济祖师塔而添砖加瓦。

大约十年之后，在中日双方的共同努力下，宗祖曾经驻锡弘法的临济寺以及临济祖师塔都得到了庄严修复。大雄宝殿、客殿、僧房、法乳堂、传灯堂、山门、天王殿等业已陆续恢复重建。不久的将来，临济祖师当年驻锡弘法之地将复兴为一大禅苑，成为河北佛教的一大据点。我们第十次访华代表团此行的目的，就是向中方赠送计划供奉于传灯堂的三祖师像。

众所周知，由于日中两国社会制度不同，所以中国有关方面对于我们日中友好临济黄檗协会巡礼参拜临济祖师驻锡弘法遗迹，多有异议。令人欣慰的是，我们的这一愿望得到了中国佛教协会会长赵朴初先生的理解和肯定，在赵朴初先生的多方斡旋和关照下，我们日本临济祖师的法孙们的夙愿终于得以实现了。

当年初次访华归来，我曾经应邀在某期刊的昭和五十五年十月号上，发表了有关这次访问活动的纪念文章，

修复前的临济塔

借此机会，让我们一起来回顾一下那段令人难以忘怀的往事吧。

"昭和五十五年六月二十三日，日中友好临济黄檗协会派遣的第一次访华代表团一行二十三人，登上了由北京火车站发出的列车，前往河北省石家庄市。我们此次组团访华，是为了巡礼参拜临济义玄禅师的"澄灵塔"，并在塔前礼拜诵经，以此表达日本临济宗门徒知恩报恩之情。南行的列车飞驰在一望无际的原野上，令人心旷神怡，浮想联翩。

河北省省会石家庄市距北京大约 280 公里，位于中国铁路运输干线的要冲。20 世纪初，石家庄还不过是一个仅有五百余人口的贫穷村庄。1905 年，随着京汉铁路的开通，石家庄作为一个城市才逐渐发展起来，成为一个居住人口达百万余人的大城市。

列车离开首都北京三个小时左右时，突然车厢里有人喊道：'啊，滹沱河！'于是大家争先恐后地向车窗外张望，只见一条近乎干涸的河流弯弯曲曲地消失在远方。

列车驶过铁桥，我不禁感慨万千，这就是那条使我魂牵梦绕并流经宗祖临济禅师曾经驻锡过的临济院旁的滹沱河啊！所谓'临济'就是临近这条滹沱河，'济'，即渡口之意。临济禅师曾驻锡于临近滹沱河渡口附近，所以称为‘临济’。"

石家庄不仅是河北省的政治和文化中心，还是该省特产棉花的集散地，所以不仅纺织工业比较发达，而且利用井陉煤矿而发展火力发电、电力应用工业等，发展显著，日新月异。市内到处都栽植着垂柳，风光旖旎，景色宜人。临济禅师曾经驻锡过的正定县是一座历史悠久的古城。

战国时期，在燕南赵北之间，即在今河北省中南部，有一个由狄族建立的"侯国"中山国，早期称鲜虞。中山国最初建都于中人，即今唐县境内，立中山城为都。公元前414年，迁都于顾，即今定州市境内，建立了都邑。公元前407年，中山国被强大的魏国灭亡，中山桓公带领其族人又避入山林之中。桓公吸取教训，励精图治，积蓄力量，与强大的魏国相抗衡。

公元前381年前后，中山桓公率鲜虞余众终于驱逐了魏国统治者，复建中山国，迁都于灵寿，重振兴国大业。至第五代国王，中山国逐渐强大起来，并曾攻破燕国，进一步扩大了势力范围。此后，其国力很快达到了鼎盛时期，公元前323年，与赵、韩、魏、燕同时称王。到赵惠文王三年（公元前296年），赵国的大军攻破了中山国都城，其后中山国逐渐淡出了历史舞台。从鲜虞最早见于史籍至中山国最终亡国，历时478年，几乎绵亘于整个春秋战国时代。

1974 年至 1978 年，河北省文物工作者在平山县上三汲村一带，勘察了中山灵寿故城遗址，之后发掘了中山王墓，出土了大批珍贵文物。当时的许多出土文物曾经以"中山王陵出土文物展"为名在日本公开展出，引起了极大的反响，我至今记忆犹新。

中山灵寿故城遗址位于太行山脉东麓的盆地，北依东西灵山，南临滹沱河，今平山县三汲乡东部，距今灵寿县城约 10 公里。城址呈不规则长方形，南北长约 4.5 公里，东西宽约 4 公里。城垣依自然地势夯筑而成，北高南低，地上部分已荡然无存，地下夯土城基尚在。从夯土城基看，西城墙最宽处 35 米，隔墙最窄处 25 米。曾经在遗址附近出土过战国时代的青铜制车马具等其他文物。

通过对位于灵山南麓的东陵台和西陵台的发掘，从南北长 110 米、东西宽 92 米、高 15 米的封土下面发现了附带陪葬墓和车马坑墓室，出土了大约 19000 余件精美绝伦的珍贵文物，其中不乏孤品和珍品，震惊了中外。出土文物中，青铜礼器、乐器等占 2000 余件，为数量之最，其中 90 余件青铜器上刻有铭文。

反映中山国政治的出土器物，有刻铭铁足铜鼎、夔龙纹铜方壶、铜圆壶等，三件重器分别刻有 469 字、450 字和 204 字铭文。"刻铭铁足铜鼎"又称王鼎，王即位十四年时（公元前314年或公元前313年）采用分铸工艺制作而成，通高51.5厘米，腹径65.8厘米。盖钮与腹足部之间刻有铭文77行469字，是中国迄今发现的战国时期字数最多的一篇铭文。它为研究中山世系和中山国的重大历史事件，提供了极其珍贵的史料。

墓室中还发现了金银错兆域图铜版，通称"中山兆域图"。铜版是以陵墓为主体的陵园的总平面图，用金银镶错而成，为了解战国时期陵墓建筑提供了极为重要的史料。该铜版还是中国最早的缩尺制图，是至今中国发现最早的建筑平面设计图实物，也是世界上发现最早的铜质建筑平面设计图。

中山王墓出土的为数甚多的精美器物中，包含了大量与战国前期大相径庭的错金银器。例如，举世无双的珍宝有金银镶嵌龙凤形铜方案、错金银虎噬鹿屏风底座、十五连盏铜灯、错银双翼神兽、银首人俑铜灯等。其中金银镶嵌龙凤形铜方案巧夺天工，精美至极。此外，还有造型奇特的十五连盏铜灯，以及含有各种动物造型的器物。这些弥足珍贵的出土文物，反映了北方狩猎民族鲜虞族文化与汉文化相融合的特色，所以格外引人注目。

此外，定窑是中国宋代首屈一指的著名瓷窑，窑址分布于今河北曲阳涧磁村及东西燕川村，宋代属定州，因此得名。定窑创烧于唐末，极盛于北宋及金，终于元，以产白瓷著称，兼烧黑釉、酱釉和釉瓷等品种。白瓷胎土细腻，胎质薄而有光，釉色纯白滋润，上有泪痕，釉为白玻璃质釉，略带粉质，因此称为粉定，亦称"白定"。

北宋是定窑发展的鼎盛时期，制瓷技术有许多创造和进步。北宋中后期，定窑由于瓷质精良、色泽淡雅、纹饰秀美，被选为宫廷用瓷，使其身价大增，产品风靡一世。日本梅泽纪念馆收藏的白瓷大碗等被指定为国家重要文物。

除烧制白釉瓷器外，定窑还烧制黑釉品种，文献称为"黑定"。还有在黑胎上使用金彩描绘花纹的"黑定"品种，传世极少。日本 MOA 美术馆收藏有此类品种，被视为镇馆之宝。北宋末年，生产制造了无数风靡一世产品的定窑，由于金兵的入侵而遭到了毁灭性的打击，逐渐走向了衰落。

大约在相同时期，金兵的入侵使临济寺蒙受了前所未有的极大打击，临济祖师塔也遭到了摧残。一般来说，每逢重大的政治动荡和社会动乱，首先遭受打击的就是农民及其精神信仰的支柱——宗教。金兵入侵的动乱毁坏了临济院，其后仅仅修复了临济祖师塔。世宗大定二十三年，在遗址附近重新兴建了高达九层的临济祖师塔，即现存的祖师塔。

距今 1100 多年前，唐代大中八年（854 年）的某日，河北省正定县东南滹沱河畔的一所小院里，住进了一位目光深邃、敏锐照人的禅僧，这所小院名为临济院。这位禅僧就是其后闻名中国大地的临济宗宗祖临济义玄禅师。临济禅的东渐，决定了日本镰仓和室町时代佛教的走向，进而对日本文化的形成和发展起到了举足轻重的作用。

临济禅师生于河南省曹州南华，俗姓邢，自幼与众不同，才华过人。临济禅师的高足宝寿延沼撰写、嗣法弟子兴化存奖校勘的《临济慧照禅师塔记》对此有详细记载。该《临济慧照禅师塔记》撰于临济禅师迁化后不久，所以被称为最可信赖的传记资料。我们参照《临济慧照禅师塔记》以及其他历史资料，共同追忆一下临济禅师的非凡生涯吧。

幼少之时，临济禅师就萌发了出尘之志。"长以孝闻"，长大之后，孝名声闻乡里，对双亲恪守孝道。出家之后，跟随诸方高僧大德参学问道，"精究毗尼（律），博颐经论"。当时，出家为僧者大多初学佛教诸宗学问，深入研究律宗和华严宗教学理论。但是，临济禅师"俄而叹曰，此乃济世之医方，而非教外别传之旨，即更衣游方"。这就是说，临济禅师断言：所谓有关经论学问的研究，只不过是药剂功能的说明书，而不是治病救人的药。所以，临济禅师毅然放弃了戒律和经论的修学，转身遁入禅门，专心致志于实参实究之道。唐代兴隆发展的禅佛教，刺激临济义无反顾地跨进了禅门。

三祖师图之临济和尚（白隐慧鹤绘，现收藏于鹿苑寺）

在同一时代，初学经论而后转入禅门的高僧大德颇多。当时，正处于学究式佛教发生历史性转换的非常时期，以体验实践为教理教义特色的禅宗广为流布，蓬勃发展。这一时代的寺院及僧人几乎都归入了禅门。

临济为了寻求德高望重的禅门高僧，踏上了行脚游历诸方的旅程。当时，嗣法百丈怀海禅师的希运禅师，将位于江西省钟陵的龙兴寺更名为"黄檗山"，作为黄檗山开祖，大兴黄檗门风。临济禅师慕名而入黄檗希运禅师门下，开始了崭新的参禅问道的修行生活。临济禅师与黄檗希运禅师具有历史意义的相逢，奠定了临济禅师在中国禅林的历史地位；其中的一派日益发展壮大，不仅影响了中国佛教和日本佛教的历史走向，而且对中国文化乃至日本文化产生了极为巨大的影响。

当年，黄檗希运禅师道风名闻遐迩，门下参禅修道者云集。入门后，临济便与众僧一道专心致志参学问道。最初的三年中，临济默默无闻，潜心修行，所以根本无人理睬。

然而，三年后的某日，黄檗希运禅师门下弟子的首座睦州和尚终于注意到了这个沉默寡言的师弟。由此，临济的修行生涯发生了根本性的转折。

黄檗禅师考

义玄（临济）入黄檗山希运禅师门下参禅问道，转眼就是三年了。下面，我们一起来回顾一下义玄之师黄檗。

黄檗希运禅师（？～850年）道号黄檗，法讳希运，百丈怀海禅师之法嗣，福建省福州人，俗姓不详。幼年即辞别双亲，于本州福建省黄檗山即古黄檗出家。位于今福建省福清县境内的古黄檗开创于唐贞元年间，逐渐发展成为福建一带佛教信仰的中心，香火鼎盛，闻名遐迩。

明代末年，黄檗山住持隐元禅师东渡日本，取古黄檗之山名，在京城附近的宇治开创了黄檗山万福寺。福州古黄檗开创之初带有对抗官寺，作为禅宗丛林举扬崭新禅风之意。黄檗希运禅师早年出家古黄檗，其后移锡江西省洪州附近的高安县鹫峰山建寺弘法布教，往来学众云集。黄檗希运禅师为胸中思乡之情所驱使，出于怀念和仰慕古黄檗之意，将弘法布教之地改名为黄檗山。因此，时人称之为"黄檗希运禅师"。

黄檗希运禅师身长七尺，即相当于身高两米左右的巨形壮汉。不仅身材高大、体格魁梧、相貌庄严，而且额头间隆起一块肉球，气貌奇特异常，十分引人注目。黄檗希运禅师信仰虔诚，每次礼佛时都要额头点地，久而久之额头间就留下了这块肉球。年轻时，虽然为此经常遭到伙伴们的取笑讥讽，但是黄檗希运禅师为人光明坦荡，倜傥不羁，人莫能测，如鹤立鸡群。

不久，黄檗希运禅师与同辈门人一同朝礼天台山。其后，黄檗希运禅师游历京师，偶然遇到了一位年长女居士，指点他江西有一位禅林名衲——百丈禅师。于是，黄檗希运禅师就匆忙赶往江西求教。

《祖堂集》是中国禅宗最早的史籍，记述了唐五代时期禅宗洪州系、石头系两大禅系发展的历史。《祖堂集》记述了黄檗希运禅师的悟道因缘。

> 黄檗希运禅师先游天台，其后来到了京师。有一天，他托钵行乞来到一户人家的门口，张口喊道："施主，有没有什么现成的饭菜？"这时，柴门里传来一位老妇人的呵斥声："你这个和尚也太贪得无厌了！"黄檗希运禅师听后纳闷不解，问道："施主还没有布施给我任何食物，却呵责我贪得无厌，这是为什么呀？"老妇人笑了笑，随口回答："对，这就叫贪得无厌！"然后将门关上了。黄檗希运禅师对眼前发生的一切感到很诧异，于是推门进去，谦恭地向那位老妇人请教。老妇人见黄檗希运禅师虽然体

格与众不同，但是面善心和，于是端出食物供养，并详细询问了黄檗希运禅师的参禅修道经历。黄檗希运禅师向这位老妇人一五一十地道出了自己参修的心得体会，并虚心地拜请老妇人指点迷津。黄檗希运禅师由此深受启迪，"玄门顿而荡豁"。

临行前，老妇人对黄檗希运禅师说："我身为妇人五障之身，根本不是为人师表之器。听说江西有一位百丈大师，德高望重，独领风骚，你最好去百丈大师的门下参学。你将来成为人天导师时，切记不要轻视晚辈！这是老妇对你唯一的希望。"于是，在这位老妇人的耐心指点下，黄檗希运禅师前往南昌参拜百丈禅师，继而嗣法百丈禅师。

本来，黄檗希运禅师仰慕在江西大举禅风的马祖道一已久，游历参学的目的地原为马祖门下。但是，途中闻知马祖道一已经入寂，不在世间了。万分遗憾之余，转而入嗣法马祖道一的百丈禅师门下参修并嗣法。黄檗希运的法嗣，就是风靡当世中国禅林，其法脉又东渐传入日本，并传承至今的临济义玄禅师。

毋庸赘言，中国禅的飞跃发展，始于马祖道一时代。马祖门下高僧俊杰辈出，嗣法弟子达百余人。至马祖时代，修禅者团体蔚为壮大，扩大发展为一大教团。马祖门下的杰出弟子有百丈怀海、西堂智藏、南泉普愿、盐官齐安、大梅法常、归宗智常等，可谓俊杰济济。

黄檗希运禅师初参百丈禅师，正值百丈禅师为门下徒众说法，说的是百丈禅师自身当年耳闻马大师一喝，三天双耳失聪的往事。百丈禅师告诉徒众道："佛法并非小事。老僧往昔曾被马大师一喝，震得一连三日耳聋。"黄檗希运禅师听到百丈禅师这段难得的亲身体验后，浑身受到了极为强烈的震撼，几乎当场失去知觉，下巴也惊掉了下来，长舌从口中滑了出来。

百丈禅师看到眼前这番场景，不禁暗自思忖：他只是听我介绍了这段往事就悟得了马大师大机大用，绝非凡人。百丈震惊之余，开口赞叹黄檗希运禅师道："如是，如是！见与师齐，减师半德；见过于师，方堪传授。子甚有超师之见。"

百丈禅师所举自己昔日参马祖之公案如下：

有一天，百丈禅师再参马祖。马祖看到百丈禅师进来，就随手拿起身边的拂子，高高擎起。百丈禅师问："即此用？离此用？"百丈禅师所问之意在于：这个拂子是按照它本来的功能去使用呢，还是脱离它的固有功能去使用呢？马祖闻言，又将拂子放回原处。沉默了一会儿，马祖道："汝向后开两片皮，将何为人？"马祖是在问：你今后开口说法，将如何教人？百丈禅师闻之，也擎起刚才的拂子竖立在马祖眼前。马祖反道："即此用？离此用？"百丈禅师听了，也如同马祖同样动作，将拂子放回原处。这时，只听马祖突然振威一喝。这一喝，如雷贯耳，百丈禅师闻之，清算了执著妄念，彻底大悟。此后整整三天，马祖的喝声一直不绝于耳，百丈禅师双耳失聪，双目失明。

黄檗希运禅师只是听到了这一则公案就豁然大悟了。在这则公案中，马祖借用身边的拂子向门徒开示"一切万物独立不倚，不留行迹之无相"。黄檗希运禅师在瞬间了悟了这一法理。

黄檗希运禅师嗣法百丈禅师之后，在江西省洪州附近的高安县鹫峰山建寺弘法布教，并取幼年出家的本州黄檗山之名，命名为黄檗山，因此时人称其为"黄檗希运"。在此之前，黄檗希运禅师曾经短期挂锡洪州大安寺，并曾经在杭州盐官禅师门下参修。当时，盐官禅师门下有一位隐姓埋名的参禅修道者，他就是其后即位的宣宗皇帝。黄檗希运禅师在盐官禅师门下与这位禅门弟子相识了。

宣宗为第十一代唐宪宗皇帝的第十三子，11 岁时被封为光王。其兄穆宗即位后，宣宗被穆宗之子、小其四岁的武宗所厌恶，所以曾一度遁入禅门，在沩山灵祐禅师的弟子香严智闲，以及马祖的弟子盐官斋安门下栖身养性。他与黄檗希运禅师就是这时结识的。

毋庸赘言，唐武宗（840～846年）就是断然发动"会昌废佛"、极力排斥佛教的历史名人。唐武宗在会昌二年至四年的两年间，向天下颁布废佛令，敕令天下拆毁佛教寺院，勒令僧尼还俗。这是发生在中国佛教史上最大规模的废佛毁释惨剧。

宣宗即位之后，解除了武宗颁布的禁令，恢复了佛教原有的社会地位。盐官禅师和黄檗禅师的谥号分别为"悟空禅师"和"断际禅师"，就是源于身处"会昌废佛"这一不幸时代之感怀。

黄檗希运禅师在盐官禅师门下任首座和尚的时候，宣宗见他每天在佛殿上礼佛，甚为不解，于是发问道："不着佛求，不着法求，不着众求，长老礼拜当何所求？"黄檗希运禅师答道："不着佛求，不着法求，不着众求，常礼如斯。"宣宗又问："用礼何为？"黄檗希运禅师听后，照着宣宗就是一巴掌。于是，宣宗大声喊叫起来，责怪黄檗希运禅师的行为过于粗鲁。黄檗希运禅师丝毫不让，对着宣宗吼道："你以为这里是什么地方？说粗说细，说三道四。"随后，照着宣宗又是一巴掌。

"平常心是道"这句名言，淋漓尽致地概述了马祖禅的精髓。黄檗希运禅师忠实地继承了马祖的宗风，反对华而不实，提倡返璞归真之禅，主张佛性遍布于日常生活中的时时处处。黄檗希运禅师在普普通通的日常生活中实践马祖禅法，并强调主张：在极为自然的日常生活之中，每天都产生着崭新的真理，每天都充满着生命的光辉。

当时，黄檗希运禅师还邂逅了一位十分重要的人物，即会昌二年（842年），前来洪州赴任的观察使裴休，禅林一代名衲与颇有才能的官吏结下了极为殊胜的佛缘。

裴休，字公美，唐代河东闻喜人即今山西运城闻喜人，为唐代颇有才能的官吏，平素笃信佛教，曾随圭峰宗密禅师学习华严教旨与禅宗心要。裴休为进士出身，后来官至兵部侍郎、中书门下章事、宣武军节度使等。裴休曾先后赴昭义、河东、凤翔等地任职。

裴休作为观察使前来钟陵（今江西省进贤县）赴任之际，得知黄檗希运禅师道风闻名遐迩，于是礼请禅师至城中的龙兴寺朝夕问法，精勤不休，并随录日常对话成集，定名为《钟陵录》。大中二年（848年）裴休赴任宛陵，即现在的安徽省宣城县，又礼请黄檗至开元寺，求法问道，并记录编辑为《宛陵录》，即现行的《黄檗希运禅师传心法要》。黄檗禅师的在家弟子裴休在《黄檗希运禅师传心法要》中赞誉黄檗禅师的禅"其言简，其理直，其道峻，其行孤"。

黄檗希运禅师的说法集《黄檗希运禅师传心法要》的完成，得力于幼年亲近佛教、后师事圭峰宗密禅师、学贯儒佛的裴休。《黄檗希运禅师传心法要》完整而系统地阐述了六祖、马祖、百丈以来代代传承的南宗禅的精髓，堪为名副其实的南宗禅集大成之作。

黄檗希运的法嗣，就是风靡当世中国禅林的临济义玄禅师。临济义玄禅师进一步阐扬和发展了黄檗希运的门风，其思想精髓从日本室町时代末期开始，在"茶汤"中得到了极为形象而具体的展现。茶汤通过日常生活中的所谓"茶饭事"，将禅的思想至为自然地导入了一般民众的心田。茶汤在禅所极力主张强调的"日常"中尽善尽美地再现了禅的思想精髓。

会昌废佛以后，黄檗禅师的弟子们纷纷离开师父，流散于各地，并将黄檗的法脉广为流布。这些活跃在各地弘法布教的弟子当中当然包括临济义玄禅师。那么，临济义玄禅师究竟在黄檗门下学到了什么呢？

前面我们已经提到，临济义玄禅师与其他僧众拜师黄檗门下，专心致志地参禅问道，转眼三年的岁月过去了。临近义玄禅师平素热心刻苦修禅的一举一动，引起了同门弟子中的首座睦州和尚的注目。

后来，睦州和尚辞别黄檗禅师，隐居睦州龙兴寺。睦州和尚每日亲手编制草鞋，发放给过往行人，所以人称"陈蒲鞋"，别称睦州和尚。

临济义玄禅师与睦州和尚的邂逅，不仅奠定了他日后的修行根基，而且决定了他的修行人生的走向。临济义玄禅师最初入门修习律宗和华严宗经典，但是不久就觉察到，这些经典只是"药方"功效的说明书，而不是"药剂"本身。功效说明书无论通读多少遍，都不能医治任何疾病，因此，他毅然地将修学的方向转为禅宗。

但是，临济禅师大概对于自己入门修禅之前的修学经验较为自负，所以入门后的三年之间，从来没有向师父及师兄们请教过任何疑问。

睦州和尚每天与临济禅师朝夕相处，把临济禅师的一举一动都看在眼里，记在心上。他暗自揣摩：这个小师弟为什么总是默默不语、一言不发呢？他到底是没有什么值得可问的，还是不晓得应该问些什么呢？自己作为前辈师兄，有责任去启发后辈师弟清醒头脑，少走弯路。于是，睦州和尚终于打破沉默，开口问临济禅师："师弟，这三年多来，怎么没见你向师父参问过一句呢？"

临济禅师听后回答道："不曾参问，不知问个甚么？"临济禅师的答语中似乎蕴含着充满自信的口气，意思是说：没有哇，我还没有参过师父，到底要问师父什么呢？在睦州师兄的启发和催促下，临济禅师才有缘亲近黄檗希运禅师，发出了参禅问道的第一声。

彻悟的机缘

身为出家之人，从临济禅师和师兄睦州和尚的问答中，我感受到了邂逅良师益友的重要。我认为：当时，如果没有睦州和尚的耐心启发和不断催促，如果小师弟临济禅师没有主动前去参问黄檗禅师，也就不可能出现日后的临济禅师吧？进而言之，伴随着临济禅的东渐而在扶桑之国开花结实的禅文化也就不会存在吧？

在师兄睦州和尚的启发和催促之下，临济禅师终于在入门三年之后，拜见师父黄檗禅师，发出了参禅辩道的第一问："如何是佛法的大意？"临济禅师是想搞清楚人们经常挂在嘴边的佛法的宗旨到底是什么呢？

临济禅师的话音尚未落地，黄檗禅师已经突然出手，操起拄杖照着临济禅师就打了过来。看到从师父的丈室慌里慌张地跑出来的临济禅师，睦州和尚不由得上前问道："小师弟，怎么啦？"临济禅师战战兢兢、迷惑不解地回答："师兄，还没等我问完一句话，师父的拄杖已经打过来了。真让人手足无措，不知道怎么办才好。"睦州和尚听后对他说："不管怎样，你再去问一问师父。"

临济禅师听从师兄的指教，一连又去了两次，向师父提出了同样的问题，但是每次都被师父照样举杖打了出来。

临济禅师在黄檗禅师门下辛勤苦参三年，但是始终没能理解师父倡导的佛法的深奥含义。因此，临济禅师对自己的无明愚昧悔恨万分，便决定离开黄檗山。有一天，早已心灰意冷而陷入失望深渊的临济禅师来见睦州和尚，见面开口就说："承蒙师兄慈悲关照，我才鼓足勇气前去参问师父，但是没想到参问三次，三次都被师父打了出来。我觉得羞愧万分，只恨自身过去障业因缘积重难返，难以觉悟师父佛法深奥旨意，我打算辞别师父下山了。"睦州和尚虽然觉得十分惋惜，但是见临济禅师主意已定，于是便叮嘱道："师弟下山之前，务必要向师父礼谢告辞。"临济禅师点头应答，准备第二天前去拜辞黄檗禅师。

这位对后辈师弟关怀备至的睦州和尚知道已经无法挽留临济禅师，于是事先来见黄檗禅师，向黄檗禅师禀报了来龙去脉，然后恳请黄檗禅师道："问话上座，虽是后生，却甚奇特。若来辞，方便接伊。已后（以后）为一株大树，覆荫天下人去在。"睦州和尚认为临济禅师是一个不可多得的奇才，将来必定成长为禅门栋梁，教化世人，造福天下。所以建议黄檗禅师以慈悲为怀，广开善门，指点迷津。

第二天，临济禅师怯生生地前来礼辞黄檗禅师。黄檗禅师于是指点道："不须他去，只往高安滩头参大愚，必为汝说。"他谆谆吩咐临济禅师一定要投奔归宗智常禅师的法嗣大愚禅师门下。当时，大愚禅师与黄檗禅师齐名，同为禅门翘楚，名闻遐迩，宗门鼎盛，门下参禅僧众云集。

大愚禅师驻锡江西省瑞金滩头，大举禅风，教化天下，为嗣法马祖大师的归宗智常的法嗣。归宗智常为黄檗禅师之师百丈禅师师弟的法嗣，所以同为一门兄弟。因此，黄檗禅师对大愚禅师的人品和道风可谓了如指掌，所以认定只有大愚禅师才是教导临济禅师的最佳人选。事实果然验证了黄檗禅师的正确判断。

临济禅师来到大愚禅师坐下，大愚禅师开口就问：

"从哪里来？"

"从黄檗门下来。"

"黄檗都教给你什么了？"

"我三次向师父请教佛法大意，三次挨打，我到底是错在哪里了呢？或者是师父无缘无故地在教训我？"

临济禅师的这番怨言似乎不无道理，自己为什么挨打都莫名其妙。

大愚禅师双目炯炯地直射临济禅师，铿锵有力地开口道："黄檗与么老婆心切，为汝得彻困，更来这里问有过无过？"

大愚禅师在严厉地责怪临济禅师："那时，黄檗婆心殷切，举手打你，那是发诚恳慈悲之心，为你疏解困惑。你怎么反而到我这里来讨问什么对与错呢？"临济禅师听了大愚禅师这一番话，当即大悟。

所谓机缘，就是机遇和因缘。如果修行者邂逅良师，有机会和缘分接受良师接化，这就是绝妙的机缘。当这种千载难逢的机缘圆成之际，就会出现水到渠成、瓜熟蒂落的无限光明的前景。大愚禅师与临济禅师相逢之际，就是机缘圆成之时。

临济禅师听到大愚禅师的一番话语之后，不禁脱口而道："元来黄檗佛法无多子！"临济禅师醒悟到：原来黄檗的禅法也没什么了不起呀！所谓佛法的大意，佛法的终极精髓，我可能一直过于深思熟虑了，所以，谨小慎微，无所成就。此时此刻，困扰临济禅师多年的迷茫疑惑的枷锁，被大愚禅师的寥寥数语轻而易举地彻底解脱了。

目睹眼前这位年轻求道者的异常兴奋喜悦之情，大愚禅师宽慰欣喜无比。欣喜之余，大愚禅师一把揪住临济禅师的前胸喝问："你这个糊涂东西，刚才还哭哭啼啼，怎么一转眼又说黄檗的禅法没什么了？你到底明白了什么？快讲！快讲！"

这时，临济禅师虽然还没有从大愚禅师手下挣脱出来，却伸出手去，照着大愚禅师肋下就是三拳。

于是，大愚禅师撒手把临济禅师推开，说道："汝师黄檗，非干我事。"大愚禅师一定是对发生在眼前的这一幕感到格外吃惊。临济禅师一反初来乍到时无可奈何的窘态，与大愚禅师针锋相对地斗起了机锋。大愚禅师一定在想：原来这小子在黄檗门下早已打好了底子，所以还是赶快撵他回去吧。

通过这段师徒之间栩栩如生的问答，我们可以明了：

临济禅师像（曾我蛇足绘，南邻宗顿题赞，现收藏于南苑寺）

在大愚禅师绝妙的点拨下，临济禅师豁然大悟，所以才达到了"原来黄檗的禅法也没什么了不起"这一崭新的境界。临济禅师前前后后历经十余年参禅问道的岁月，直到跨入大愚禅师门下，才终于领悟了黄檗禅法的精髓，并切身地感受到了黄檗的师恩。

不久，临济禅师辞别大愚禅师，返回到黄檗门下。黄檗禅师一见到临济禅师，开口就问："这汉来来去去，有甚了期！"

临济禅师回答道："只为老婆心切。"黄檗禅师接着又问："甚么去来？"

临济禅师回答道："昨蒙和尚慈旨，令参大愚去来。"

黄檗禅师问道："大愚有何言句？"

于是，临济禅师就一五一十地把自己参大愚禅师的前后经过禀报了黄檗禅师。

黄檗禅师闻之道："大愚老汉饶舌，待来，痛与一顿。"

临济禅师听到黄檗禅师这句话后，站起身来说道："说甚待来，即今便打。"说着抬起手来，照着黄檗禅师的脸上就是一巴掌。

黄檗禅师道："这风（疯）颠汉来这里捋虎须！"这时，临济禅师大喝一声。从此以后，临济毕生以"一喝"为接化修行者的手段。在黄檗禅师面前发出的就是最初的"一喝"。

黄檗禅师接着马上召唤侍者，吩咐道："赶快把这个疯癫汉子给我带到禅堂去！"

这就是临济禅师在黄檗禅师和大愚禅师门下痛快彻底大悟的经纬。我认为这则公案给予参禅之人这样一个宝贵的启示：许多佛门弟子跟不上严师而落伍，还有不少弟子不仅体会不到师父的恩德，反而对严师耿耿于怀，因此而萎靡不振，最终断送了自己的前程，这些都是应该引以为戒的。

从大愚禅师门下归来的临济禅师，已经不再是昔日默默不语的那副面孔了。在黄檗禅师的不断钳锤之下，临济禅师的证悟终于达到了炉火纯青的境界。他体用兼赅，圆融无碍、敏锐卓越的机锋常常使师父黄檗深为震惊，远远超出了同辈门人。后来黄檗禅师将其师百丈怀海禅师的禅板和几案授予临济禅师，这一段也闻名禅林。

某日，临济准备辞别恩师，下山游方博参。黄檗禅师问道："准备往哪儿去？"

"不是河南，便是河北。"

黄檗禅师闻言就打，不料临济反而一把抓住师父的手，回手就是一掌。黄檗禅师不禁放声哈哈大笑，并急忙吩咐侍者取来先师百丈怀海所授的禅板和几案，授予临济，以资认可。临济从黄檗禅师手中接了过来，即刻就对师父说："拿火来，把它烧了吧！"黄檗禅师听后说："倒也是……不过你还是把它带走吧，日后一定会有用场。"

临济禅师为什么张口"放肆"地说要把师父授予的禅板和几案烧掉呢？这种近似狂悖的言行表明：临济根本不打算借用和依赖先师的威光，他要通过自身的努力，精进不息，继承和弘扬先师的禅法，这是因为临济的的确确是一个以拳拳之心报效先师大恩的孝行弟子。

临济禅师经大愚点化、黄檗印可后，辞别黄檗禅师，游历诸方丛林，最后驻锡于滹沱河畔禅院，接引僧众，传法布教，大举宗风，开悟者不可胜数，其中得法并行化一方的著名弟子二十余人。

当时，该地的统治者为地方豪族"河北藩镇"，这是一股与唐朝朝廷相对独立的地方政治军事势力。可以认为，临济禅就是以这一新兴武士阶层的日益发展壮大为背景而兴隆起来的。

临济禅师的道风，由河北平原远播四面八方，仰慕临济禅师宗风而前往皈依求道者络绎不绝。当时，临济禅师驻锡滹沱河畔禅院之前，普化和尚曾驻锡此地，普化和尚大力佐助临济禅师，教化僧众，兴禅布教。

普化为盘山宝积之法嗣，后赴镇州，言行佯狂，悲号歌舞，常往来于城市、冢间，手振一铎，口中诵偈，时人称奇。普化和尚这种种行为，展现了普化作为一个绝对真实的"自在人"、"自由人"的形象，反映出他不执著外物，随缘任运、舍妄归真、超然物外的思想。

　　普化行走在市井和荒野中，乞食化缘，弘扬法要。他利用这种"疯汉"般的行为艺术，在民众中引起轰动。这对义玄创立临济宗，宣扬临济宗旨，在一定程度上也起到了积极的推进作用。

　　下面，我们一同来看几则临济禅师与普化和尚互斗机锋，接引教化的事例。

　　　　有一天，普化和尚与临济禅师搭伴一同去一户斋主家接受供养。斋间，临济禅师拽住普化和尚问："毛吞巨海，芥纳须弥，为是神通妙用，本体如然？"普化和尚听后一脚就把饭床踢翻了。临济禅师见状道："太粗生。"普化和尚接过话茬又道："这里是什么所在，说粗说细。"

　　　　又有一天，临济禅师与普化和尚又同去赴斋。斋间，临济禅师开口问普化和尚："今日供养何似昨日？"普化和尚又和前几日同样，一脚踢翻了饭床。临济禅师见状，无可奈何地道："得即得，太粗生。"普化和尚则反唇相讥道："瞎汉！佛法说什么粗细。"临济禅师听后不禁吐舌无语。

　　普化和尚反对执著外物，反对执著虚空，反对执著于神通妙用的本体论，所以临济禅师问及与吃饭本身毫无相关的问题时，普化和尚就踏倒饭床，以此表示断然否定。临济禅师埋怨他太粗野，他却反驳，说这里是施主供养的地方，不应该说粗道细。第二天，普化和尚故伎重施，否定了供养，乃至佛法的粗细。普化和尚犀利的言行、峻烈的禅机、浩然的心性，使临济禅师也为之震撼，吐舌示惊。

还有一天傍晚时分，普化和尚独自一人来到临济院，蹲在院子里大口大口地吃着生菜。临济禅师看在眼里，不禁开口道："这汉大似一头驴。"于是，普化和尚便双手着地，摆出驴的架势，同时嘴里发出了驴叫的声音。临济禅师见状，又道："贼！贼！"话音刚落，普化和尚也跟着喊："贼！贼！"边喊边从临济院里走了出去。所谓"贼"，一般当然是指偷盗财物的贼人。然而，临济禅师与普化和尚互相讥讽漫骂的"贼"，并不是现实生活中偷盗财物的贼人，而是借指那些将学人的迷惘执著都统统夺走而去的高僧。

普化和尚行将示灭之际，在街市上向市井百姓化缘"直裰"，即一种交领过膝的长衣。然而，街人毫不理解他的用意，有人送给他一件布袄，有的人送给他一件布裘，普化和尚都不接受，振铎而去。因为他不是为了御寒而是为了辞世所用。临济禅师见状，深解其意，于是派人买来了一口棺材。

普化和尚外出归来，临济禅师迎上去便说："我与汝做得了个直裰了也。"于是，普化和尚就担着那口棺材走到街上，沿街叫道："临济为我做了直裰，普化明日到东门去死。"市井百姓闻知，为了一睹普化和尚迁化而争先恐后地赶来尾随观看。但是普化和尚见状，反而改口喊道："今天还死不了，明日到南门去死。"翌日，人们又随着他来到南门相送，普化和尚又道："明日出西门，方为吉利。"

如此这般地一连持续了三天，人烦意倦，轻信普化禅师"诺言"而赶来相送的人一天比一天少了。到了第四天，普化和尚自己担着那口棺材走出北门外，振铎入棺，并请过路人把棺材钉上。普化和尚自己入棺迁化的消息不胫而走，市井百姓闻讯纷纷争先恐后赶到北门外，揭棺查验，但见棺内空空如也，普化和尚已经全身脱去，只听远处碧空白云之间传来普化和尚振铎之声，铎声渐渐远去。

普化和尚通过这场"四门迁化"的精彩演出，向时人展示了"生死一如，任运而为，缚脱不二，烦恼即菩提"的禅学精髓。

我们经常可以看到茶室等场所悬挂着以"普化振铎"为题的禅画，描绘的就是这个极为不可思议的禅门故事。时人因倾慕普化和尚风范，遂以竹管仿铎音，创作了尺八妙曲。世称胸前佩挂简易袈裟，头戴高筒竹笠，手执尺八，口吹"普化振铎"妙曲，托钵行脚于日本各地的"虚无僧"为普化宗。

当年的正定城门保存完好，北门位于厚厚的城墙中。去年，我第一次朝礼了这扇闻名禅宗史册的北门，为普化禅师诵经回向，祈祷冥福。普化禅师极为活灵活现而最大限度地阐扬了临济的禅机，从而使临济的道风远播遐迩，名扬四面八方。

临济禅师一生弘法布教，精进不息，教化培育了众多禅门弟子。咸通八年四月十日（或七月十日），临济禅师在河北省南部大名府的兴化寺示寂。临济禅师诞生之时，由于河北之地与幽州（北京一带）和魏州同为唐王朝防止和抵御北方民族入侵的重要防地，所以朝廷授予支配该地的地方豪族以经济和军事上的一定特权。因此，各地方豪族逐渐形成了超越中央朝廷统治的强大势力。

我认为：以临济为代表，超脱既成传统佛教的修行教化方法和手段，以源于日常普通生活为特色的崭新的禅风，就是在新兴武士阶层不断兴起这一社会历史背景之下得以弘扬，并日益发展壮大为禅宗主流的。临济禅彻底地批判了单纯追求形式的坐禅方式，彻底地摒弃了因循守旧的传统，主张并强调稳健踏实的禅风，树立基于现实生活的人的尊严。临济禅的历史和现实意义就在于此。

基于这一历史和现实认识，我认为：应该修复荒废已久的临济寺，是因为临济禅对于当今中国大有必要。

修复后的临济塔

不仅如此，复兴曾经并且仍然联系着中日两国佛教界，尤其是禅佛教的友好历史纽带的临济寺，对于进一步促进日中两国人民和佛教界的传统友好往来，也是绝对必要的。

第七章

梦窗与足利

梦窗国师考

今年（1991年），日本广播放送协会的"大河电视连续剧"频道播出了吉川英治的大作《太平记》。该电视连续剧以室町幕府将军足利家族的沉浮兴衰为主题，剧中的主人公足利尊氏由著名演员真田广之扮演。据文艺评论界专业人士反映，真田广之充分地以鲜明的个性和演技特长，在电视上塑造了一个栩栩如生的室町幕府第一代将军足利尊氏。

在日本历史上，对室町幕府历代将军足利家族的评价并不为佳。尤其是在第二次世界大战之前，足利家族曾经被鄙视为"卖国贼"。我们不能把这一结果完全归咎于历史教科书的过错。总而言之，迄今为止并没有对足利尊氏做出一个完整而正确的历史评价。

因此，日本广播放送协会也一直把足利尊氏作为一个避讳的题材。这次，足利尊氏在《太平记》中被正式地搬上了电视，成为街头巷尾、男女老幼广泛谈论的热门话题。我们关切地期待通过这部电视连续剧的制作和播放，能够还原足利尊氏的历史本来面目。

说起足利尊氏和足利直义兄弟二人，就不能不涉及其二人的学问和参禅之师——梦窗疏石。正是禅林名衲梦窗疏石赋予了足利尊氏和足利直义兄弟二人跨过战乱之世的勇气和力量。换而言之，如果没有梦窗疏石禅师这根精神支柱，足利兄弟二人也可能一事无成、无所作为。下面，我想简略地论述一下梦窗疏石禅师与足利家族的历史因缘。

康永四年（1345 年）八月二十九日，在位于京都嵯峨开创不久的天龙寺，举行了隆重的后醍醐天皇去世七周年回向祈祷法会，以及庆祝天龙寺竣工开堂供养法会。发愿创建天龙寺的北朝第一代天皇，现退隐为太上皇的光严上皇迫于天台宗比睿山延历寺僧众的强烈反对，不得不终止了行幸。最终，改为派遣光严上皇的胞弟光明天皇的敕使出席了法会，整个法会功德圆满，诸缘顺遂。

当然，应足利尊氏和足利直义兄弟特邀，由晋山住持天龙寺的开山祖师梦窗国师主法。

毋庸赘言，梦窗疏石（1275～1351 年）国师是日本禅林素享盛名的高僧，在日本的中世创建了日本禅宗一大流派。生前，梦窗疏石禅师曾经由三位天皇授予国师号，寂后，曾经被四位天皇赐予国师号，因此被誉为"七朝帝师"，集皇室和禅门的尊崇于一身。

在论述梦窗疏石国师的弘法生涯时，我们必须首先

梦窗疏石国师顶相自赞图（现收藏于大光明寺）

明了他的行迹在日本相当广泛，而且相当深入。梦窗疏石国师在日本文化发展史上占有极为重要的地位，被誉为举足轻重的关键人物。但是，限于纸张篇幅的关系，在这里只能简略而集中地介绍一下有关的一小部分。

观应二年（1351 年），中国曹洞宗名僧东陵永屿东渡来日弘禅。其后，东陵永屿应梦窗疏石国师之邀，出任天龙寺第三代住持。当年，梦窗疏石国师的高徒，即日后开创了相国寺的春屋妙葩编撰《梦窗国师语录》之际，东陵永屿曾经为此书作序。他在序中赞曰："天下之至大者道也，至公者理也。人能公正宏大，合乎道理者，莫不尊且敬焉。予自南国（中国）东来扶桑（日本），惟见梦窗国师一人而已。师之道，如春行大地，师之德，如皎月当空，师之戒，凛若冰霜云云。"

春屋妙葩则对梦窗疏石国师评论道："面目严凛，若司法官之严。亲近后方知，乃如春风温和柔顺之人，如慈雨之注，感动人人。"假设我们没有读到上述有关介绍和赞扬梦窗疏石国师的文字，仅仅根据在极为动乱的南北朝时代的禅林，构筑起了临济禅的一大势力这一历史事实，也足以领略梦窗疏石国师辉煌的弘法生涯。

建治元年（1275 年）十一月一日，梦窗疏石国师出生于伊势国，即现在的三重县津市片田井户町的一户豪族之家。其父为宇多天皇的第九代孙佐佐木朝继，其母为世袭镰仓幕府辅佐幕府将军的执政官"执权"一职的北条氏家族的平政村之女。梦窗疏石国师的诞生地旧址，现在建有瑞林寺，作为隶属于相国寺的分院，守护着这块与梦窗疏石国师有缘的圣地，每年的四月二十一日举行庄严的开山忌日法会。

梦窗疏石国师四岁时，佐佐木一族举家移往甲斐国，即现在的山梨县境内。六岁，随真言宗的空阿上人修习佛门诸法。除了佛学以外，空阿上人还教授他以孔子、孟子、老子、庄子为首的百家诸学。当时，跟随学问渊博的僧侣学习知识被视为一条捷径。梦窗疏石国师就是在这样一个得天独厚的学习环境中，逐渐萌发并树立了出家为僧的志向。

到了十八岁，梦窗疏石国师终于坚定了出家为僧的信念，由叔父明真讲师举荐，从南都奈良东大寺戒坛院的慈观律师受具足戒，法名智曜。世间所谓的"秀才"往往触类旁通，一拨即明，智曜不久就成为修行僧中出类拔萃的佼佼者。虽然智曜的教理教学造诣已经达到了较高的水平，但是却丝毫不以此为满足，因为他的志向也越来越宏伟了。

恰巧，当时担当教学指导的讲师僧不幸身染不治之症，在疾病的痛苦折磨中离开了人世。智曜亲眼目睹周围发生的生老病死等人世的诸般苦恼，不禁暗自思酌：释迦牟尼佛祖正是目睹了人世间的这一切烦恼苦难，而萌发了出家的念头。为了根本地解决生与死的现实问题，就必须深入研究仅仅从书本上了解的有关教外别传的禅宗。于是，他发愿祈祷百日。就在迎来满愿的那一天，他做了一个不可思议的异常之梦。他梦见了曾经在书本上见过的名为疏山和石头的两座中国大寺。

疏山，是位于中国江西省抚州府山中的疏山寺。由于唐代的著名隐士何仙舟曾经隐居读书于此而闻名，亦称"书山"。中和年间（881年），洞山良价的法嗣疏山匡仁建寺于此，改称"疏山"，被誉为中国为数众多的佛教寺院中的著名古刹。

所谓石头，则是位于江苏省江宁府的名刹。六祖慧能法嗣青原行思的高徒石头希迁曾经驻锡此寺，所以闻名遐迩。石头与六祖门下的南岳禅师的法嗣马祖道一并为禅林名衲。由其门下繁衍派生出来曹山和洞山的曹洞宗、云门文偃的云门宗、法眼文益的法眼宗等诸流派。

智曦在梦中有幸同时梦到了驰名中国禅林的这两座古刹，可以想见，他平素对禅的故乡，对中国的大好河山早已心驰神往了。于是，智曦取疏山和石头二寺中的"疏"和"石"二字，改名为"疏石"，又因是灵梦所致，就以"梦窗"为号。

智曦改名为"疏石"的第二年，即永仁二年（1294年），梦窗疏石动身前往京城，开始了参禅修道的漫长历程。

梦窗疏石首先投奔京都建仁寺的无隐圆范门下，皈依禅宗，一年之内身居禅堂，潜心修行。其后，忽而心头生出他念，离开京城下关东，先后师从镰仓建长寺的苇航道然、东胜寺的无及德阴、圆觉寺的桃溪德悟等诸师参禅问道，同时用心钻研了大量的禅宗祖师语录。

永仁五年，年届二十三岁的梦窗疏石回归京城建仁寺无隐圆范门下。正安元年（1299年），中国禅林名衲一山一宁禅师东渡来日弘法。

一山一宁嗣法顽极行弥，德高望重，名闻中国禅林。

大德三年（正安元年）元世祖曾赐予"妙慈弘济大师"号。同年八月，奉元世祖之命与西涧子昙、石梁仁恭等禅林名衲作为元朝的外交使节，持国书东渡来日，抵达了太宰府。

当时的镰仓幕府执权北条贞时怀疑一山一宁禅师一行为元朝派遣的间谍，便将一山一宁幽禁在伊豆的修善寺。过了不久，由于得知一山一宁为元朝首屈一指的禅林高僧，遂招至镰仓，迎请一山一宁禅师先后住持建长寺、圆觉寺、净智寺等名山大寺。梦窗疏石曾经在圆觉寺师从一山一宁禅师参禅问道。

梦窗疏石随元代高僧一山一宁禅师参禅问道，兼修其他诸般学问，耳渲目染，受益匪浅。一山一宁禅师多才多艺，尤擅草书，颇具唐代大家颜真卿遗风，在日本书法史上占有重要的地位。梦窗疏石的书风颇受其师影响，有许多草书杰作传世。

随从一山一宁禅师参学期间，梦窗疏石逐渐醒悟到：迄今为止自己所学到的还只不过是语言和文字，所谓经文也只不过是指月之指，祖师的公案语录也只不过是一块敲门砖而已，自己目前还没有丢弃这块敲门的砖头。想到这里，他马上把集存起来的参学笔记等翻出来，付之一炬。然后，他来到一山一宁禅师面前，恭请师父指点迷津："愚徒今后到底该当如何？请师父慈悲垂示。"一山一宁禅师见状而言："吾宗无言无语，亦无与人之一法。"

在一山一宁禅师的短短一言之下，梦窗疏石豁然醒悟。同时，梦窗疏石切身地意识到：来自中国的正宗禅法果然深奥莫测。不久，梦窗疏石告别了一山一宁禅师，离开圆觉寺，转往镰仓的万寿寺，师从平素仰慕的佛国国师高峰显日继续修行。

高峰显日为后嵯峨天皇的皇子，嗣法东渡来日传禅的佛光国师无学祖元，禅风高雅清逸，慕名而来的参禅者颇多。梦窗疏石与高峰显日的相见，堪称具有划时代的历史意义。

梦窗疏石来到高峰显日座下后，高峰显日开口即问：

"道一道圆觉和尚（一山一宁）曾示予你何等佛法大意。"

"和尚道：'吾宗无言无语，亦无与人之一法。'"

闻此，高峰显日大喝一声："当时为何不言和尚漏逗（年老昏聩）不少呀？"

听到高峰显日这一声大喝，梦窗疏石倏然醒悟。梦窗疏石振作精神，辞别高峰显日，转赴奥州白鸟地方，闲居内草山山中，养精蓄锐，闭门内参。

翌年，嘉元三年二月，梦窗疏石走出内草山，转往常陆地方的国臼庭闲居养生。是年五月的一天，梦窗疏石半夜坐功完毕准备就寝时，忽然险些摔倒在地。就在那一刹那间，他倏然醒悟了。迄今为止的一切疑惑，都蓦然烟消云散、无影无踪了。他体验到了淋漓痛快的大彻大悟的境界。于是当即赋偈一首，表达自己的心迹：

多年掘地觅青天，
添得重重碍膺物。
一夜暗中扬磔砖，
等闲击碎虚空骨。

这首偈的大意是说：长久以来，我孜孜不倦地向天求、向地觅的努力完全误入了歧途。所以，反而平添了一大堆无用的身外废物。昨夜黑暗中忽然遇上大风，卷走了一切毫无用处的家什儿，就连骨髓也吹得四飞八散了。简而言之，大彻大悟之后，所有烦恼和妄想通通都被彻底摧毁了。

德治二年，其师高峰显日再住万寿寺之际，梦窗疏石也一同前往服侍。而后嗣法，获佛光国师无学祖元所传法衣，成为名副其实的杰出禅僧，是年梦窗疏石年仅33 岁。不久，梦窗疏石即将迎来与足利兄弟的奇遇。

与将军之缘

其后，梦窗疏石止住高峰显日门下，辅佐本师。延庆元年（1308年）重返甲斐，翌年结龙山庵闲居。梦窗疏石平素喜好隐姓埋名，隐遁蛰居，因此一直企盼只身一人隐居山中，以深山幽谷的大自然为友，闲居度日，长养圣胎而度余生。但是，他的这个理想并没有称心如愿。梦窗疏石越是躲避闹市而隐居深山，他的名声就传得越远。久而久之，慕名前来参禅问道者日渐增多，络绎不绝。

客观现实一次次地粉碎了梦窗疏石的理想。为了躲避杂聚群居，他在结龙山庵闲居的翌年，转往美浓国的长濑山，其后又迁往被后世称为虎溪山永保寺的草庵。正和五年，迁往揖斐地方结钓月庵而居，第二年又回到了京都的北山庵居。为了回避慕名而来的参访者，他不断地迁移居所。

随后，梦窗疏石在土佐的五台山下结庵隐居。由于实在难以拒绝仰慕其名已久，镰仓幕府第十四代执权北条高时的母亲的盛情之邀，曾一度入主镰仓的胜荣寺，不久，他离开胜荣寺后又在三浦地方的横州结泊船庵隐居。元亨三年（1323年）入住位于上总地方的退耕庵隐居。其间的嘉元三年，与梦窗疏石实现了命运般奇遇的室町幕府第一代将军足利尊氏（1305～1358年）诞生了。

正中二年（1325年），年届五十一岁的梦窗疏石迎来了一生最大的转机。当时的梦窗疏石早已名闻天下，后醍醐天皇也知晓了他的高风亮节，遂敕命他住持京都五山第一位的南禅寺。尽管梦窗疏石再三婉拒辞退，最终还是从命填补了南禅寺住持法席的空缺。

梦窗疏石终于出山续任南禅寺住持的消息不胫而走，于是遐迩道俗慕名云集而来。现实生活与梦窗疏石的理想毕竟相差得太远了，但是这反映了朝野上下对梦窗疏石高风亮节的无比仰慕。梦窗疏石一派，虽然只不过是无学祖元开创的佛光派的一个支流，但是不久就茁壮地成长为日本禅林中的最大流派。相国寺现在保存着梦窗疏石亲笔手书的七言绝句：

二十余年独掩关，
使府哪得到青山。
莫将琐末人间事，
换我一生林下闲。

这首七言绝句的大意是说：二十多年来，我独自一人掩闭家门，其中所获所得尽在一片青山之中。不要用人世间的万般琐事来束缚我，我一生都憧憬清爽而闲静的生活。

梦窗疏石应后醍醐天皇的再三之请住持南禅寺时，元翁和尚曾请教他："禅师修行出徒这二十多年以来，转来转去换了十几个住处。这是遵循释迦佛祖的所谓'比

梦窗疏石墨迹"二十余年云云偈"（现收藏于慈照寺）

丘止住，莫逾三月，若人谤言此比丘动止不定，必当堕入泥梨（地狱）'这一教诲而行动的吗？"

梦窗疏石循循善诱地回答："我倒并不是为了遵守佛制而这样做的。实际上，多年来我一直以大圆觉寺为一大伽蓝而寄身。东去也罢，西留也好，都未曾一刻离开其中。即使多年止住一处之时，也并非始终在一张禅床上打坐，有时去东司（便所），有时在庭前徘徊，有时去山顶远眺，这岂能说是动止不定呢？并且，我动止未曾离开原处，所以当然谈不上别处还有我身。如果将有限之情转化，而去无边之境畅游，又有何可怪呢？"

梦窗疏石的这番话语，正是他二十余年来修行生活的栩栩如生的写照。虽然他身处名山大寺，但是心在深山幽谷而入游化众生之境地。

元翁和尚，即虎溪山永保寺的开山住持元翁本元禅师，是梦窗疏石的同门法弟。他长年与师兄梦窗疏石共居一处，后来接替师兄成为南禅寺第十一代住持。由于元翁和尚对于梦窗疏石的一切了若指掌，所以上述的提问只能认为是明知故问。

梦窗疏石终生渴望独居深山幽谷而游化众生的生活，但是世俗社会并没有能够让他实现这个夙愿。

嘉历元年，梦窗疏石前往位于伊势的善应寺当开山住持。翌年，应镰仓幕府执权北条高时之邀，在镰仓的净智寺过夏。同年八月，前往瑞泉寺当开山住持。元德元年，依禅林长老们的恳请，移锡圆觉寺，在不到一年的时间内，将已经濒临荒废的圆觉寺恢复得焕然一新。翌年前往甲斐，创建了牧之庄的惠林寺。

元弘三年，依后醍醐天皇的敕命，在位于嵯峨大堰川畔的龟山法皇的离宫处，为祭祀供养第二皇子世良亲王的菩提而创建了灵龟山临川寺，并晋山住持。

是年，后醍醐天皇执佛门弟子之礼，拜梦窗疏石禅师为师。于是，梦窗之号遂为"国师"之号。当年十月，再住南禅寺。梦窗疏石禅师奔波往返于名山大寺，席无暇暖。

延元元年（1336年），后醍醐天皇倡导的政治改革"建武中兴"以失败而告终，天皇无奈迁往吉野地方。梦窗疏石闻之即刻辞去南禅寺住持之位，返回临川寺，一心祈祷天皇圣运再兴。延元四年，恢复了位于西山的西方寺，改称西芳寺，并建"无缝塔"（供养塔），还建造了水墨画式样的山水庭园。该庭园在日本庭园史上格外引人注目，成为后世枯山水庭园之滥觞。

是年秋季，后醍醐天皇左手持《法华经》，右手握剑，留下"纵然身埋南山（吉野）之苔，魂魄永望北阙（京都）之空"的遗言，在满腔失意中薨去。

后醍醐天皇谋求利用"建武中兴"之举，实现政治统一，但是由于幕府将军足利尊氏的离反，最终以失败而告终。从此，足利尊氏和足利直义兄弟登上了日本的政治舞台，武士治世的时代死灰复燃。首先，我们一起来回顾一下足利尊氏的政治生涯。

足利尊氏为清和源氏的末裔足利贞氏的长子，嘉元三年（1305 年）出生。最初名为"高氏"，后来更名为"尊氏"。足利家族的家谱略图如下：

清和天皇……源义家——义国——新田义重（新田之祖）
　　　　　　　　　　　　└足利义康（足利之祖）

由足利之祖算起，足利贞氏为足利家第六代。因此，足利尊氏发愿再兴源氏，当在常理之中。

元应元年（1319 年），足利尊氏十四岁时即被授予"从十五位下"的贵族称号，并被任命为治部大辅，从此开始显露势力头角。

元弘元年（1331 年），后醍醐天皇终于举兵讨伐镰仓幕府第十四代执权北条高时，而足利尊氏则奉北条之命领兵迎战官军。但是，实际上足利尊氏在伺机寻找接近官军的机会。交战的结果，北条军大获全胜，天皇被迫迁驾隐岐。其后，天皇一行由隐岐出走迁驾位于伯耆的船上山之际，足利尊氏再次奉北条之命领兵西上截击途中，为了达到复兴源氏家族的夙愿，反而趁此时机高举反旗，归顺了官军。其后，足利尊氏率兵攻陷了京城的六波罗之地，并在此设立了武家的行政机构——奉行所。

由此，足利尊氏逐渐地扩大了自己的势力范围。其后，后醍醐天皇发起政治改革运动"建武中兴"，论功行赏之际，足利尊氏被列为恩赏者的首位，被封为武藏（旧国名，现东京都、埼玉县及神奈川县东部）、常陆（旧国名，现茨城县东北部）、下总（旧国名，现千叶县北部）三地的地方行政长官"守护"和"正三位参议"，并被赐予天皇的"尊治"二字中的"尊"字，将原名"高氏"改名为"尊氏"。在此前后，足利尊氏开始师事梦窗疏石，与胞弟足利直义一同发愿参禅问道，锤炼度过战乱之世的武将之心。

但是，后醍醐天皇发起的政治改革运动"建武中兴"非但没有获得成功，由于论功行赏等问题，以天皇为首的朝廷与武家之间反而产生了许多矛盾。武家方面的不满情绪导致了纷乱频发。足利尊氏趁此时机暗中摸索再兴幕府，然而足利尊氏的这一系列举动早已被身为皇子的护良亲王所看穿，足利尊氏出于无奈只好将护良亲王软禁在镰仓。当时，镰仓幕府第十四代执权北条高时之次子北条时行伺机谋反举兵进入镰仓，足利尊氏趁机出兵镰仓并击破了北条时行率领的反军。其后，足利尊氏乘胜率兵前往京都，并以讨伐幕府叛将新田义贞为名，在箱根竹之下之战中战胜了官军，进而一举进入京都。

但是，翌年即建武三年，北畠显家和新田义贞率军进攻京都，足利尊氏无奈避往兵库。其后，足利尊氏又败于楠木正成。足利尊氏败走九州途中，接受了太上皇光严院发布的诏书，方才得以避开了"叛军"的罪名。

日本广播放送协会的"大河电视连续剧"频道播放的《太平记》较为详细地描绘了上述这段历史的发展过程。话说足利尊氏败走九州的途中，在多多良浜打败了菊池武敏率领的官军，进入了太宰府。足利尊氏以太宰府为根据地，将九州一带的武将收编为自己的部下，然后率领 20 万大军及舟船 7000 艘大举向东挺进。当时，足利尊氏率兵由海路，而其胞弟足利直义则率兵由陆路进军。在播磨守护赤松则村的援助下，足利兄弟的势力大增，在著名的凑川之战中，击败了楠木正成率领的官军，楠木正成本人也亡于战场。

当时，准备奔赴战场的楠木正成曾经参拜由中国东渡而来的禅林名衲明极楚俊禅师，叩问："生死交错之时作么生？"明极楚俊禅师答道："两头共切断，一剑因天寒！"楠木正成闻后大彻大悟，虽然预知此行败局已定，却果敢地奔赴了战场。因此，楠木正成和楠木正行在历史上被誉为"忠臣"流芳千古，而足利家族却充当了不甚光彩的角色。但是，历史最终对足利尊氏做出了正确的评价。

足利尊氏以破竹之势击败了新田义贞，终于挺进京城。天皇无奈落荒而逃，避难比叡山。以主帅名和长年为首的官军多数战死疆场，或四处逃散。

其后，足利尊氏尊奉太上皇光严院的胞弟丰仁亲王为天皇，称光明天皇，并将后醍醐天皇软禁于花山院，剥夺了所有朝臣的官职。足利尊氏掌握了一统天下的实权，基本上实现了源氏再兴幕府的誓愿。

不久，足利尊氏在京都设立了室町幕府，而后醍醐天皇则被迫迁往吉野，日本历史从此进入了南北朝时代。南朝与北朝的对立争斗一直持续了六十年之久，最终由足利尊氏之孙足利义满完成了一统大业。

天下归一法

在历史上，后醍醐天皇、足利尊氏和足利直义兄弟为首，众多朝野皈依者云集梦窗疏石国师门下参禅问道，门庭若市，不可一世。其中尤以足利直义虔诚笃信，梦窗疏石国师曾经授予他"古山"这一居士号。

作为搏杀于动荡不安的战乱社会的武将，足利直义对整个现实社会乃至自身的未来终日惶恐不安。足利直义总是利用繁忙政务的空隙时间屈身前往梦窗疏石国师门下，参禅辩道，不耻下问。足利直义将在修行、佛法、世法中遇到的难解疑问一一和盘托出，恳请梦窗疏石国师指点津迷，不吝赐教。梦窗疏石国师将其与足利直义的有关问答汇集成《梦中问答集》，流传至今。

《梦中问答集》共三卷，分为九十三项问答条目，具体内容涉及消灾招福、保佑祈祷、出离生死等世俗信仰，以及佛教的正信正智，遍及禅宗的法门精髓、坐禅概要、诸法实相、大小权实、教外别传等禅宗教理教义的诸般问题。梦窗疏石国师循循善诱，以极为平易明快的语调娓娓道来，给予足利直义清晰明示。

《梦中问答集》由中国来日传法僧、南禅寺第十六代住持竺仙梵仙禅师题写跋文，康永三年（1344 年），由伊予太守大高重成出版了《五山版》。其后，室町时代初期再版发行。江户时代先后出版了元和、宽永、正保、贞享、文政等版本。据此可知，《梦中问答集》作为参禅入门指南，曾经在各个时代受到了广泛的阅读。

足利直义在《梦中问答集》中向梦窗疏石国师问道："古人云，别无功夫，放下便是。一切善恶，皆勿思量。此语是否意味着清除一切所解方为禅修途径？"足利直义在这里提到的"别无功夫，放下便是"原为元代编撰的中国禅林著名教行龟鉴《禅林类聚》中的名句。

梦窗疏石国师对足利直义的上述疑问答道："首先，将'清除一切所解'视为禅修途径，乃大错特错，切勿生吞活剥此语。古人以有心而不求，以无心而不得，以语言而不达，以寂默而不通。或云，有心无心语言寂默皆为佛法。此皆为完全对立相反之语，皆为其时、其处正确引导修行者之正确手段而已。"梦窗疏石国师循循善诱地向足利直义简明扼要地阐述了禅修之法。

足利直义辅佐胞兄足利尊氏，为创建室町幕府发挥了卓绝的才干。但是，由于终年陷于战乱争斗，此外在如何治理国政方面也经历了诸多挫折和磨难。身兼政治家和武将双重身份，足利直义长年以来一直为如何处理两者的关系而深深地苦恼，所以才毫无隐讳地向无比信赖和尊崇的梦窗疏石国师提出了长年埋在心头的疑问。对于足利直义来说，如若为了完成人格修养而参禅问道，是否有必要摈除抱有无数政治和军事难题的政治家和武将这两种身份呢？这是一个困扰足利直义多年的难解之题。

长年以来，足利直义与其胞兄足利尊氏之间，曾经多次出现意见分歧，甚至出现多次兄弟骨肉叛离危机。针对置身于上述处境的足利直义，梦窗疏石国师仿佛像母亲和风细雨地谆谆教诲亲生骨肉一样，用极为通俗易懂的语言，将晦涩难懂的佛法奥义娓娓道来。

相国寺至今还完好地保存着梦窗疏石国师亲笔手书的"别无功夫"这一著名条幅。这一条幅是梦窗疏石国师流传于世的为数众多的墨迹中的精品。梦窗疏石国师

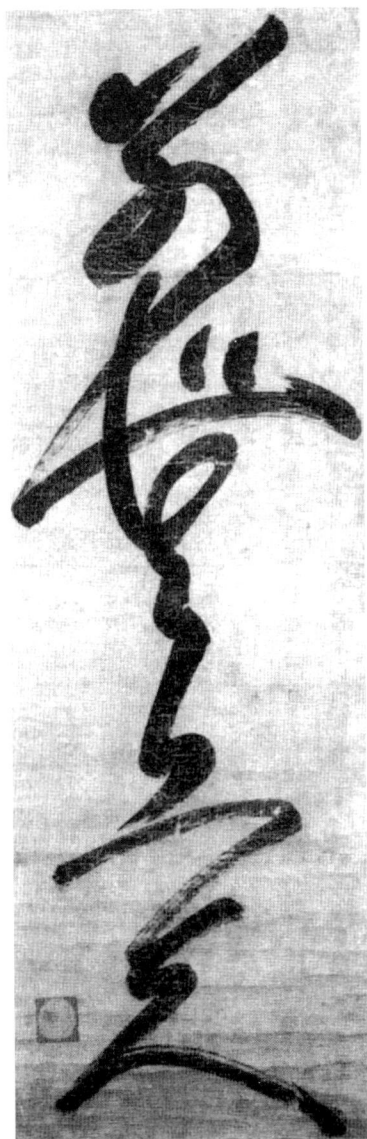

梦窗疏石墨迹"别无功夫"（现收藏于相国寺）

借用古德的这一名句，教诲世人"为了修行而专心致志地付出的努力毫无意义。一切都要顺其自然，朝着自己眼前的目标一直挺进，不断努力，这才是至关重要的"。栩栩如生地反映了梦窗疏石国师的这一教诲的宝贵条幅，不失为一件弥足珍贵的历史文物。

作为足利尊氏和足利直义心目中的灵魂之师，梦窗疏石国师对其二人的精神生活和政治生活发挥了不可低估的巨大影响。足利尊氏和足利直义兄弟二人也发自肺腑地景仰梦窗疏石国师，并不断地遵循和实践梦窗疏石国师的教诲。

延元四年八月十六日，后醍醐天皇在外逃避难的吉野行宫，左手持《法华经》，右手握剑，留下"纵然身埋南山（吉野）之苔，魂魄永望北阙（京都）之空"的遗言，满怀失意之情薨去。梦窗疏石国师为了祈祷慰藉后醍醐天皇的亡灵，遂向足利尊氏和足利直义兄弟二人建言：创建寺院，以慰亡灵。

寺院的具体场所，选定于后醍醐天皇亲自敕命创建的临川寺附近。自古以来，此地建有檀林寺，而后建有后嵯峨天皇的行宫——仙洞御所，以及龟山天皇的离宫。足利尊氏决定将龟山天皇的离宫改建为寺，并定名为"灵龟山历应寺"，同时恳请梦窗疏石国师晋山住持。所谓"历应"二字，取自后醍醐天皇故世的北朝历应二年之意。

梦窗疏石国师以身为临川寺住持之由，曾经一度婉言辞退了灵龟山历应寺开山住持之请。加之天台宗的比叡山僧众肆意反对，历应寺的建造工程很难尽如人意。但是历应四年的夏季，由于梦窗疏石国师终于许诺住持历应寺，整个建造工程也逐步地走上了正轨。

同年七月二十二日，依照光严太上皇的敕命，历应寺改称为灵龟山天龙资圣禅寺。同时，为了筹集建造灵龟山天龙资圣禅寺的资金，决定派遣对外贸易使船前往中国。翌年即康永元年秋季，两艘对外贸易使船终于出发远航了。这就是后世惯称的"天龙寺船"。

从历史事实上来看，天龙寺船的航行，对日本文化的发展起到了举足轻重的影响。天龙寺船舶来的大量的金银财宝和书籍绘画等等，大多流传至今。从中国最大的青瓷产地龙泉窑舶来的青瓷，在日本被称为"天龙寺青瓷"，素为藏家珍重。

由天龙寺船开启的与中国的贸易往来曾经一度中断。其后，足利尊氏之孙，即室町幕府第三代将军足利义满重新恢复了日中间的贸易往来。日中间的贸易往来的重开，为日本带来了巨大的益处，同时也给足利家族带来了极大的利益。这些舶来的财宝，以及数量众多的工艺美术品大多被幕府将军足利家族世代承袭珍藏。至室町幕府第八代将军足利义政时代，在将军手下作为美术顾问奉职的能阿弥和艺阿弥父子，受将军之命，尝试将历代将军收集珍藏下来的工艺美术品甄别分类，整理归纳为"东山御物"。据《茶汤故实书》卷一"君台观左右账"记述：舶来的工艺美术文物归纳整理工作始于足利义政将军时代，然而这一切都发源于天龙寺船这一派遣事业。天龙寺船舶来的珍贵的中国工艺美术品成为孕育其后兴盛而起的"五山文化"的土壤，这是毋庸赘言的了。

因此，本章开头提到的庆祝天龙寺竣工开堂供养法会，可以说对日本文化的发展起到了巨大的推动作用。担当法会主法的梦窗疏石国师，在该法会的疏文中概述了建造天龙寺的历史意义。

首先，梦窗疏石国师向三世十万一切诸佛敬香，然后，恭为后醍醐天皇庄严觉果。其后，梦窗疏石国师断然而道："元弘以来，天下大乱。生灵涂炭，殃至疆场兵士，祸及草木鸟兽。神社佛阁，权门高楼，贫民陋室，毁于一炬，或毁于贼徒之手，不可数计，惨状无比。盖皆为积劫业债所然，而业债之缘由，惟系一念无明之所感。"梦窗疏石国师强烈地抨击了愚昧至极的战争的危害。接着，又强调了创建天龙寺的因缘："兹有尊氏、直义兄弟，自怀惭愧，欲谢愆尤，故思造营天龙寺。"云云。

梦窗疏石国师极为鲜明地指出：足利尊氏和足利直义兄弟二人，对元弘年间以来自身的一念无明所造成的业债痛感惭愧。为了表示忏悔之意，特意发愿创建了天龙寺。能够直言不讳地针对当时的最高统治者足利尊氏和足利直义兄弟二人，作出如此旗帜鲜明的评价，充分地显示了梦窗疏石国师的高风亮节。

下面，让我们一起来回顾一下"元弘之乱"。

后宇多天皇的次子尊治亲王，于文保二年（1318年）接受花园天皇禅让即位，为第九十六代后醍醐天皇。元亨元年十一月，其父后宇多太上皇的"院政"（太上皇取代天皇执政的政治形式——译注）废止以后，后醍醐天皇为主导的朝政骤然恢复了朝气。后醍醐天皇起用了吉田定房、北畠亲房、日野资朝、日野俊基等为朝臣，使昏暗陈腐的国家政治局面出现了不少崭新的气象，逐渐取得了一些可喜的成果。

当时，恰值镰仓幕府的执权北条高时的愚昧昏暗而导致政坛紊乱至极。因此，后醍醐天皇策划趁此时机铲除北条高时，扭转以幕府为主导的政治局面，恢复以天皇为首的朝廷的政治权力。

但是，正中元年（1324年）讨幕计划泄露，后醍醐天皇的近侍日野资朝被流放左渡，即所谓"正中之变"。嘉历元年（1326年），由于皇太子邦良亲王的去世而引发的立太子之事，导致朝廷对幕府的不满情绪高涨。朝廷计划借安东氏的反乱之机，再次施行讨幕计划。然而由于朝臣吉田定房的告密，讨幕计划败露。

元弘元年（1331 年）八月，后醍醐天皇奉持"三种神器"（象征皇位继承权力的八尺镜、天丛云剑、八尺琼勾玉——译注）避往笠置山中，并且在附近征集勤王之士。但是北条高时在京都另立后伏见天皇的皇子为光严天皇，并且攻陷了笠置山，将后醍醐天皇流放到隐岐岛。

当时，足利尊氏奉北条高时之命，加入了讨伐官军的行列，而使后醍醐天皇身陷险境，这就是世人所称的"元弘之乱"。从此，南北两朝鼎立对峙，战乱连绵不绝。

梦窗疏石国师利用自身的地位，一贯力图不断化解日益加深的南北两朝的矛盾。可以认为，正是出于以慈悲为怀的宏愿，梦窗疏石国师才承担起曾一度辞退了的天龙寺开山住持的法位。

在庆祝天龙寺竣工开堂供养法会上的疏文中，梦窗疏石国师还发愿道："兹奉圣旨，于扶桑国每州各建一寺一塔，广为元弘以来阵亡伤者，乃至一切魂灵，资荐觉路。"这个在全国六十余州中建立安国寺及利生塔的设想，实际上是梦窗疏石国师在后醍醐天皇落难吉野以来的夙愿。

梦窗疏石国师虽然平素甚好隐遁蛰居，但是转而接近权门。究其目的，不外乎是为了化解南北两朝的矛盾，早日终止元弘以来频发不绝的战乱。梦窗疏石国师在世期间没有机缘实现这一宏愿。但是，梦窗疏石国师的高徒春屋妙葩，以及足利尊氏之孙足利义满携手努力，终于使元弘以来南北朝对峙六十余年的政治局面以和解告终，梦窗疏石国师渴望和平的夙愿终于得以实现了。

十岁时，足利义满接替其父，登上了室町幕府第三代将军之位。在辅佐将军政务的"管领"细川赖之的支持下逐渐成长。三十四岁时，足利义满升为日本历史上罕见的武将身份的"太政大臣"，即宰相之职。

明德三年（1392），足利义满出面迎请避居吉野的龟山天皇回驾京都，成就了鼎立对峙长达六十余年的南朝北朝的一统大业。日本历史从此揭开了室町时代崭新的一页。北朝的后小松天皇，是结束了南北朝分立政治局面后的首任天皇。当今日本的平成天皇承袭的就是北朝的血统。

当今世界，各地区乃至一些国家之间的纷争不绝，前不久还爆发了两伊战争。我认为，包括战争在内的人类所有愚昧至极的行为，都是源于一念无明之烦恼。梦窗疏石国师凭借远见卓识揭示了事物发展的本质，并倾尽毕生精力，将化解元弘以来南北朝对峙六十余年的政治局面的期望寄托于足利家族，最终迎来了日本历史发展的崭新局面。

梦窗疏石墨迹"应无所住"

（现收藏于鹿苑寺）

梦窗疏石墨迹"而生其心"

（现收藏于鹿苑寺）

三祖师图之云门禅师（白隐慧鹤绘，现收藏于鹿苑寺）

（

第八章

禅宗艺术论

金阁与银阁

　　平成三年（1991 年）一月十七日，纪念相国寺创建六百周年"金阁寺、银阁寺寺宝展"首先在东京日本桥的高岛屋百货店拉开了帷幕，然后在关东地区的横滨和关西地区的大阪展出。该展览直至五月七日在日本中部地区名古屋的丸荣百货店落下帷幕，前后历时四个月左右，获得了空前未有的圆满成功。在东京展出期间，茶道里千家宗家千宗室一家曾经两次光临展出会场，为整个展出活动锦上添花。

　　在东京日本桥高岛屋百货店举行开幕仪式的当天，正好赶上了两伊战争爆发，协办单位高岛屋百货店的负责人十分担心会影响展出会场的祥和气氛。结果，当天的入场人数竟达到了 3200 余人次，远远地超出了所有人的预料。在这一良好开端的带动下，东京、横滨、大阪、名古屋等四个展出会场的入场总人数达到了 20 余万人。这一数字充分地说明，日本社会各阶层人士对于禅文化的浓厚兴趣，以及对禅文化在当代社会中的积极作用的极大关注。

这次纪念相国创建六百周年"金阁寺、银阁寺寺宝展"参展的文物共达150余件，其中包括：顶相、禅宗祖师肖像画14幅、禅师墨迹和书法作品32幅、绘画作品30幅、茶道道具和工艺品55件。根据国家文物保护法规规定，国家指定的文物不允许在百货店之类的场所展出。虽然展品都属于国家文物保护法规定之外的文物，但是大多属于传世精品，不少展品的文物都即将被纳入国家指定文物的范围。

在选定本次参展文物之际，我们尽可能地挑选了各具特色的代表性文物。京都国立博物馆的金泽弘先生自始至终参与了参展文物挑选，即便是他本人也完全没有预料到此次展出活动的丰硕成果。

挑选参展文物之际，我们预料前来参观者当中一定包括相当数量的从事茶道的专业茶师和茶道业余爱好者，所以特意挑选了50余件茶道道具，也就是说，数量占全部参展文物的三分之一。

我们的这一决定获得了参观者的一致好评，有的观众竟然兴趣盎然地前来参观了三次。更令人吃惊的是，为了体验相同文物在不同的展出场地所展现的不同气氛，有的参观者甚至先后分别前往东京和横滨两个展出场地观赏展品。由于我们根据日本社会对于与禅文化密切相关的茶文化的高度关注，在有关部门和专家的协助下，有的放矢地做了大量而具体的准备工作，使整个展出活动获得了圆满成功。

　　京都国立博物馆原馆长林屋辰三郎先生参与了《展品图片目录》的准备工作。林屋辰三郎先生在该目录前言部分题为"金阁、银阁、相国寺寺宝展寄语"一文中指出："隶属于临济宗大本山万年山相国寺的金阁寺与银阁寺，既可以称之为日本室町时代文化的象征，也是日本历史上的首都即京都的具有代表性的名胜古迹；而万年山相国寺又可以称之为收藏着京都、室町时代和禅文化丰富文物的一大宝库。但是甚为遗憾的是，除了极少数国家指定的文物之外，金阁寺与银阁寺及相国寺所藏文物的全貌至今并未令世人所知。换而言之，这三座丰富的文物宝库的漫长历史一直处于与世隔绝的状态之中。这次展出实为相国寺创建六百周年的首创之举，意义非凡。"

　　林屋辰三郎先生还进一步作出较为详细的论述："毋庸赘言，永德二年即1382年，室町幕府第三代将军足利义满以当世禅林名僧梦窗疏石为开山祖师，迎请梦窗疏石的高足春屋妙葩为第一代住持，开创了相国寺。历史上，相国寺作为禅宗名刹和五山文化的中枢，在日本禅宗发展史和日本文化发展史上发挥了举足轻重的作用。我们从相国寺所处的地理位置，即比邻京都御所（皇宫）和室町幕府（位于现京都府府厅所在地——译注）

这一极为独特的位置，就足以明了相国寺在日本历史上的独特而重要的地位。所谓相国，原为太政大臣的唐代官称，位于北山的金阁（鹿苑寺）之主足利义满，以及位于东山的银阁（慈照寺）之主足利义政皆为相国，所以相国寺也可以称其为幕府将军所辖之寺。在历史上，足利义满作为大力倡导'日明贸易'的'日本国主'而闻名海内外，足利义政则是以开创了东山文化的风雅之士而流芳于世。"

"明年（平成四年，1992），禅林名刹相国寺即将迎来创建六百周年。历史上，相国寺曾经屡遭火灾，经历了数次兴废存亡的岁月洗礼，当年由丰臣秀吉和丰臣秀赖重建的大殿伽蓝完整地保存至今。为了纪念相国寺走过的六百周年的辉煌历史，相国寺及金阁寺和银阁寺传承保存下来的寺宝汇聚一堂，首次公开展出了，实为可喜可贺之事。通过这一展出，北山文化至东山文化、延续绚丽多彩的桃山文化的室町文化，以及憧憬由中国大陆传来的舶来品'唐物'的考究且风雅的贵族生活的壮观画卷，将栩栩如生地展现在我们眼前。"

林屋辰三郎先生言简意赅地高度概括了此次展出的历史和现实意义。关于《展品图片目录》，京都国立博物馆的金泽弘先生和我还分别就有关专题做了具体介绍。金泽先生主要负责顶相、肖像画和绘画部分，我主要负责墨迹和工艺美术品方面。

金泽先生对本次参展的顶相和肖像画做了如下详尽的论述：

"禅僧的肖像画专称为'顶相'，以区别于一般的肖像画。江户时代的无著道忠在其撰的《禅林象器笺》中曾经指出：'祖相本无相，犹如如来顶相不可见，故名顶相。'换而言之，禅宗祖师的身姿形态，本来并不显现于任何形态，也就是相当于如来的顶相一样，并非可见之物，禅林中习称祖师画像为顶相。

本来，禅宗标榜'教外别传，不立文字，直指人心，见性成佛'。也就是说，禅宗并不是依据经典和语言文字来传布禅法，而是依据人与人之间，以及师父与徒弟之间以心直接相传。禅门将这一传法过程称为'悟'。因此，比起佛像和经典，禅门更加注重祖师之像，并且将祖师之像尊为赋予自身开悟契机之人的形态。具体来说，每当弟子禅修得悟而行将告别恩师之际，弟子一般描绘或请人描绘恩师画像，并请恩师在其自身的画像上题写赞语，而禅师作为传法印信题写赞语后交付弟子。弟子将其师的顶相作为恩师之身来敬仰崇拜，奉置座右。恩师圆寂后，每逢忌辰或佛事法会之际，门徒则将先师顶相奉置于法堂正中，依照礼拜生前恩师之规矩

空谷明应像（木制，现收藏于大光明寺）

顶礼膜拜，禅门称之为'挂真'。

先师之像分为绘画顶相和雕刻顶相两种类型，其性质有所不同。一般来说，雕刻顶相类似禅寺的开山祖师的所谓'开山像'。绘画顶相一般多为以个人目的绘制而成，而雕刻顶相大多带有集团性质，换言之，雕刻顶相可以称为理想化了的先师姿态。室町幕府的将军及势力强大的地方诸侯的形象，也被绘制成其信仰、崇奉过的禅僧顶相的形式加以供奉。其中足利义满、足利义持、足利义政等幕府将军参禅修道并持有法名，所以流传下来不少顶相形式的肖像画。

顶相的样式一般为：禅师在名为'曲录'的木椅上呈坐禅姿态，僧鞋摆放在脚下的'沓置'上，衲衣之上披着袈裟，曲录背上搭挂着法被，袈裟和法被为禅僧日常使用之物。顶相的脸部描绘极为精致，其写实性远远凌驾于其他画作，恰如一幅栩栩如生的肖像画。

顶相的样式一般为全身画像，其他还有在圆相中描绘的上半身像，以及表现宗门法系的列祖像。此外，还有极少部分的顶相为步行姿态，即所谓'经行像'、'梦中像'和'镜中像'等。"

依据以上金泽先生的简明扼要的介绍，我们可以清楚地明了顶相类在禅宗绘画中最受尊崇。

谈到禅宗艺术，禅林墨迹无疑占据至高无上的地位。现将我在《展品图片目录》中关于墨迹的论述摘录如下：

"所谓'墨迹'，可以大致分为如下几类：一、镰仓时代至室町时代，东渡来日弘法传禅的中国僧侣的遗墨。二、虽未来日弘法，但由日本留学僧获取并携带而归的中国高僧名衲的遗墨。三、日本留学僧学成归国之际，其师授予的印可证书及法语等。四、生长在日本但在日本禅宗史册上留下芳名的日本名僧的墨迹。借以区别一般的书法家和学者的书法作品。

日本茶道始祖千利休的入门弟子南坊宗启编撰的《南坊录》中，记载了千利休关于用于装饰茶室的墨迹制成的'茶挂'的论述：'世间绝无过于茶挂价值之物，此为宾客与亭主依茶汤三昧而一心得道之物，为墨迹之最。崇敬其中语句之境界，仰慕笔者、道人、祖师之遗德，此非为一般俗笔可比之物。'

禅的宗教生命的精髓在于'见性成佛'。释迦牟尼佛所觉悟到的'一切众生平等，皆具圆满佛性。众生应切身体验觉悟这一真实的自我'这一真理，即为禅所倡导的'悟'之根本。如果我们通过坐禅及各种实际体验，切身觉悟真实的自我即佛性，而后继续通过不断的禅修进一步纯化自我，那么不论何时何地，不论有何作为，都是佛所行佛所为，都是真实自我的显现，这就是佛的境界。最终，乃至忘却‘悟’而与普通人毫无二致地在日常生活中生存，即在日常生活中实践‘悟’，这就是禅所追求的目标。

所谓禅宗艺术，至为重要的是作者本人的‘悟’之表现，而这种表现绝不是某种人为意图的表现，而是通过长年累月的修行所造就的人格，以书画这一艺术形式，借助笔墨这一手段而表露的结晶。因此，世间习称为‘墨迹’之物，至为基本的条件则必须是作者自身得悟的体验。

更进一步来讲，禅宗艺术品的作者本人即使并非禅僧，其所创作的题材无论是否属于宗教范畴，无论巧妙抑或稚拙，这些都毫无关系。只要作者本人是真正的得悟者，那么其书法作品就是杰出的墨迹。因此，此类宗教艺术作品超越了书法技巧的巧拙而震人心魄，赋予观赏者以心灵深处的感动。

所谓墨迹的种类可分为法语、印可状、字号、道号，或者名句的‘一行书’、经典的抄录、尺牍（书信）等。伴随着茶汤的发展，广泛地用于装饰茶室的一行书最受珍重。”

绝海中津墨迹"悟无好恶"（现收藏于鹿苑寺）

以上就是我在《展品图片目录》中论述的主要内容。这本《展品图片目录》为彩色印刷，共采用了 150 幅图片，受到了观赏者的一致好评。

禅画艺术论

6 世纪初，中国佛教东渐。中国佛教的密宗、天台宗等宗派先后传入日本。13 世纪末，中国禅宗传入日本，生根、开花、结实，进而发展为日本佛教的一支新生力量，之后逐渐壮大。

东渐传入日本的中国佛教的所有宗派中，禅宗属于新兴宗派。禅宗首先受到了日本新兴武士阶层的青睐和支持。因此，禅宗首先在当时武家政治的根据地镰仓生根，在镰仓幕府幕政的最高执行官员北条家族的皈依和保护下，禅宗日益渗入到日本社会的各个阶层。

仁安三年（1168 年）起，日本天台宗僧侣荣西禅师曾经两次入宋求法，将黄龙派禅法由中国传入日本，建仁二年（1202 年），在京都创建了建仁寺，力图在传统佛教势力的大本营弘扬中国禅宗。

但是，当时京都的朝臣贵族出于对新兴佛教的反感和妒忌，利用手中的政治权力极力加以反对。为此，新兴的佛教宗派禅宗避实就虚，避开传统政治势力强大的京都，而将弘法布教的地点移往镰仓，获得了北条一族的皈依和支持。因此，当时的幕府所在地镰仓成为禅宗的大本营，当世著名高僧都接受了北条一族的皈依崇信。

当时，恰值北宋王朝迫于金人的入侵威胁，而将国都由河南的开封迁往浙江的杭州，建立了南宋王朝。因此，中国禅宗在江浙地方蔚为兴盛，宋代五山制度随之确立，禅门名衲高僧辈出。

日本的求法留学僧也纷纷跨海西行前往江浙地区，游览中国壮丽锦绣的大好河山，拜师求学，参禅问道，归国后大力举扬中国禅宗法门。南宋末年，国内政情紊乱，进而导致南宋王朝土崩瓦解。因此，一大批南宋高僧在日本禅林的翘首切望下东渡来日，弘禅布教。

中国东渡来日传法的高僧大德不仅携来了大量的工艺美术作品，还带来了不少工艺美术家。此外，由日本前往中国大陆修习禅法的年轻僧侣归国之际，也带回了大量的工艺美术和文学作品。

夏珪、马远、梁楷等蜚声中国画坛的名人大家的大量绘画艺术作品被传到日本。此外，圆悟克勤、大慧宗杲、虚堂智愚等中国宋代禅林名衲的手书墨宝也被流传到日本，被称为"墨迹"而为日本禅林所珍重。

日本禅林及世俗社会这种珍重中国禅宗艺术的风潮，源自作为吸收和弘扬宋代崭新的思想文化和文学艺术的根据地——五山十刹制度的制定，以及"书院"这一学习场所的诞生。此外，室町幕府的历代将军足利家族以书画为代表的强烈的文艺美术情趣，也客观地推动了这股崭新的社会风潮的盛行。

室町幕府第三代将军足利义满热衷于追随流行于世的文化潮流，并皈依当世高僧大德，亲身参禅问道。足利义满还任命其参禅之师春屋妙葩为"僧录司"。所谓"僧录司"，即为五禅林山官寺制度的最高管理者，掌管五山十刹，如负责诸山官寺的住持任免，僧位升迁，以及外交文书制作等。

此外，足利义满还曾与春屋妙葩禅师商议创建相国寺。相国寺建成之后，足利义满修正原有的五山制度，将原五山之首南禅寺提升为"破格"之位，而将相国寺列为第二位，确定了自镰仓时代以来几经变更的五山制度，即第一位天龙寺、第二位相国寺、第三位东福寺、第四位建仁寺、第五位万寿寺。

足利义满还倡导放弃锁国政策，积极鼓励开展与明朝之间的贸易往来，最终恢复了由于元军入侵而中断已久的日中两国之间的对外经济贸易往来。足利义满接受了朝臣西园寺家族转让的别墅，并更名为北山殿，将其作为弘扬五山文化的大本营，从而奠定了五山文化的基础，开创了具有鲜明强悍的武士格调的北山文化。

室町幕府第八代将军足利义政效仿其祖父足利义满，在京城的东山山麓创建了东山殿，并以东山殿为基地，

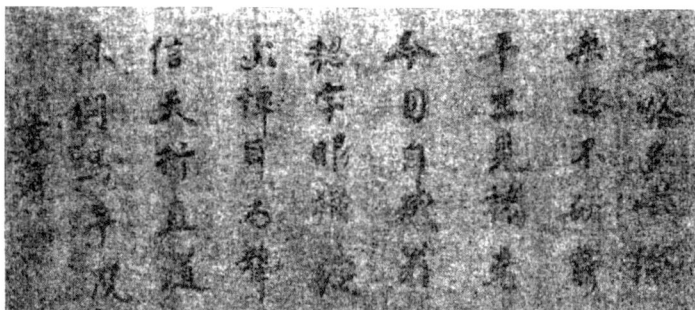

虚堂智愚墨迹　五言律诗（现收藏于鹿苑寺）

指令在其手下作为美术顾问奉职的能阿弥和艺阿弥父子二人，由室町幕府历代将军数量庞大的收藏品中挑选珍品，汇集成"东山御物"，加以特殊保存。此外，足利义政还与能阿弥联手，不断开发创新，进而创立了独具格调的"东山流"茶道。足利义政偏好奢侈至极、精致华丽，大兴东山流工艺美术及其他文学艺术，开创了具有雍容华贵格调的东山文化。至今，所谓东山文化时代的工艺美术品中，具有崇高艺术价值的名品甚多，成为文物古董行业公认的稀有昂贵之物。

　　在室町幕府将军足利家族开创的北山文化和东山文化时代，茶汤文化以禅宗五山为中心蓬勃展开。饮茶这一生活嗜好演变为一种修养心性的文化形式，由室町幕府的将军家族及新兴武士阶层、生活富裕的商人阶层逐渐地渗入到一般民众的日常生活之中，禅文化逐渐普及并深入到日本社会各个阶层的日常生活之中。

我们考察上述波涛汹涌的文化源流之际，不可忽视日本民族的文化心理因素所起到的影响。下面，我们通过分析始于南宋时代的著名画家马远的"一角式"这一绘画构图技巧，来研究一下日本人艺术才能的特色。

　　所谓"一角式"，简而言之就是在画面上尽可能地用少量的点线和笔触来表现所绘对象。不论作者描绘的对象是山水也好，还是花鸟或人物也罢，蕴涵在画面作品当中的每一根线条、每一抹影子、每一个团块都可以构成一幅展现在观赏者眼前的丰富的视觉图画。其结果，不仅可以使观赏者驱动自身的主观想象能力，来描绘一个无限丰富美好的意境，而且将引导观赏者在一个如梦如幻的世界中随心所欲地遨游。

　　这种绘画技巧可以称为"多样性中的超越性孤高"，日本人将之称为"闲寂"。这种艺术表现形式并不仅仅局限于绘画作品，它同样适用于书法艺术。

　　众所周知，日本的禅宗艺术，尤其是出自禅僧之手的墨迹和绘画作品，不仅在日本国内十分流行，作为一种独具特色的艺术作品，在范围广泛的欧美人之间也日益受到高度的评价。其中，尤为受到追求脱离一切既成的模式，为了创造出一片崭新的绘画艺术天地而苦恼挣扎的前卫画家们的追捧，被奉为"真正的艺术"而受到崇拜和景仰。

　　每年，相国寺所属承天阁美术馆都接待来自欧美各国的数百名参观者。这一部分参观者都渴望观赏来自中国的"舶来绘画"、日本室町时代的水墨画，以及以白隐禅师为代表的近世禅林的绘画书法作品。其中不少欧美参观者甚至一整天都驻留在馆内，流连忘返；还有一部分欧美参观者在展出期间数次前来观赏。其中不少参观者往往提出一些专业性极强的疑问，其鉴赏眼力之敏锐、欣赏水平之高超、专业知识之丰富，令人吃惊和敬佩。由此可见，欧美等地存在着一大批禅宗艺术的爱好者和崇拜者。

换而言之，虽然近代西欧文明人为地创造出了高度的物质文明和精神享乐，但是生长在这一社会环境中的人们一旦认识到：所谓生命的固有本质是不可能由生命的外部来认识和把握这一道理，他们就力图将禅的艺术作品作为理解人的本来面目的一个契机而加以观赏和理解。

茶室中使用"茶挂"，即书画卷轴来装饰室内环境，其内容形式较为广泛，包括墨迹、古怀纸、信札、长条诗笺，以及绘画和绘画的题跋等。此外，伴随着禅佛教的发展而日趋成熟的禅宗绘画，也日益受到世间瞩目。

我认为所谓禅画这一概念，在很多场合往往并未加以深思熟虑就恣意地被使用。不少人甚至误认为禅宗寺院传承下来的艺术作品就是禅画。而禅宗寺院的隔扇画和障壁画之类的艺术作品，无论如何出色，无论是否为

布袋乘舟图（白隐慧鹤绘，现收藏于慈照寺）

禅寺历代传承，都不能称其为"禅画"。

还有不少人认为："作者本人身为禅宗僧侣，所以其作品就是禅画。"我认为这种观点是不正确的。不少作品的绘画技巧十分出色，作者本人也是禅僧，但是却并不符合"禅画"这一称呼的真正含义。

最近，许多禅僧的不少书法绘画作品就属于此类。每当看到那些陈列在各地百货店或茶道道具店的低俗的美术作品，我的这种感觉就愈发强烈。

与此相对，其他佛教宗派的僧侣，例如律宗名僧慈云饮光、剑道名人宫本武藏的绘画作品等，就可以称其为符合禅画标准的艺术品。

其次，世人一般认为："作品的题材属于宗教性质，并且与禅有所关联，所以可以称之为禅画。"我认为：观音菩萨、达摩大师、寒山拾得、丰干、布袋和尚等所谓"佛道人物画"，由于其题材与禅宗颇有关联，所以断定此类绘画作品为禅画尚属情有可原。但是，低俗和丑陋不堪的布袋和尚图，或者炫耀洒脱而轻薄异常的禅机图等，虽然其题材确实与禅相关，却与禅画这一概念相差甚远。

与此相对，表面上看来与禅似乎毫无瓜葛的描绘花鸟、风月、山水等题材的作品当中，却有不少作品可以当之无愧地称其为禅画。出自中国画家玉涧、夏珪、梁楷、牧谿等人笔下的绘画作品正是属于此类的楷模。因此，绘画题材是否与禅相连，未必与禅宗艺术的本质相关。所以，我们在选择和确定用于茶室的茶挂时，应该了解并遵循上述基本原则。如果我们掌握了识别和明辨禅画的基本原则，就再也不会为选择装饰于茶室的茶挂而左右为难了。

再次，禅画具有极为特殊的表现形式。研究绘画史的学者一般认为：一幅美术作品是否具备这种表现形式，是判断其是否属于禅宗艺术作品的一个准则。这种表现形式一般概括为：超越传统的绘画技法，自由而奔放地表现自身的心像，不强调追求表现对象的形似，而直截了当把握表现对象的本质，表现手段简洁而粗犷。

这种绘画艺术的表现形式，与禅的表现形式，即本身轻视理论，不屑表现自身，而直接把握事物的本质、真髓等禅的处世哲学紧密相连，可以称其为禅画的最大特征。

但是，是否可以认为只要具备了上述特征就可以称其为禅画呢？其实并不尽然。相反，如果武断地认为完完全全地表现了画院派、南宗和北宗画派样式的绘画作品不是禅画，那么正如如拙、周文、雪舟等人货真价实的水墨画所展示的禅画境界一样，这种武断的观点也是站不住脚的。

如此看来，所谓禅宗艺术，所谓禅画的定义究竟何在呢？我认为：禅画正如以上所阐述的那样，如果不深刻地认识和理解何谓禅画的本质，就不具备在茶室里悬挂装饰禅画的资格。

如果重温一下我在上一节阐述墨迹这一概念时的主张，就可以比较清晰地明了这一结论。自古以来，人们常说"字如其人"，这一道理同样完全适用于禅画。经过长年累月的刻苦而严格的修炼所获得的"悟"这一境界，换而言之，就是全部生命和全部人格的具体显现。由"悟"这一境界迸发出来的生命力能够超越绘画技法的巧拙而动人心魄，即可以使观赏者产生心灵的震撼，这

墨梅图（玉畹梵芳绘并题赞，现收藏于慈照寺）

就是禅画的本质。

　　我们应该在深刻地认识和理解禅宗艺术本质的基础上鉴赏禅画，欣赏悬挂在茶室的"茶挂"，即书画卷轴。当我们充分地认识和理解了禅宗艺术的本质之后，对于茶挂的鉴赏能力就会有长足的进步，同时就会更进一步地加深对于茶汤这一传统文化的认识和理解。

第九章

室町文艺论

雪舟与周文

　　每年的七八月份，日本各大学以及博物馆和美术馆纷纷举办夏季讲座、馆员业务进修等项活动。位于京都的净土宗经营的佛教大学热衷于推进函授教育，将函授课程学生的现场研修场所设在了我本人担任馆长的相国寺承天阁美术馆。

　　据介绍，佛教大学校方之所以选定承天阁美术馆作为现场研修场所，是京都国立博物馆积极推荐的结果。前来研修的学生每次五十名左右，分为两个班级。作为相国寺承天阁美术馆的馆长，我每次都要亲自接待以表示欢迎。当然，我没有资格去介绍如何当好美术馆馆员的心得体会，所以只能介绍一下创建承天阁美术馆的辛劳。

　　当我在欢迎致辞中谈到"宗教法人经营美术馆，并不一定需要具有专门资格的美术馆馆员"这一话题时，学生们总是一片哗然，不禁发出惊诧之声。此外，我每次都要向学生们强调我们美术馆的一个特点，那就是

"本馆在特别展出期间不设休息日，不论公休日还是节假日，全年开馆"。我介绍的这一特点，即使国立博物馆也不能比拟，也同样引起了学生们的惊叹。

今年（1992年）七月三十日，京都国立博物馆一年一度的夏季讲座又开始了。讲座的现场见习会安排在我们承天阁美术馆。今年的现场见习会的讲师由京都国立博物馆的学艺科长金泽弘先生担任。金泽弘先生分别以"初期水墨画"和"雪舟"为题，进行了专题讲演。我们承天阁美术馆为了配合现场见习会，特别展示了几件有关的珍贵文物。整个见习会气氛活跃，大约180位学员极为认真地参加了见习活动。

金泽弘先生为什么选择了"雪舟"作为本年度现场见习会专题讲演的主题之一呢？这是因为雪舟本人从十六岁前后到四十岁期间在相国寺出家，在艰苦的禅修之余努力钻研绘画技能，进而成长为名留绘画史册的著名画僧。雪舟当年的名作之一《破墨山水图》被指定为国宝级文物，原作保存于供奉着室町幕府第八代将军足利义政灵位的相国寺"塔头"寺院慈照院，现收藏在东京国立博物馆。对禅宗艺术感兴趣的人，一定都欣赏过雪舟的这幅名作。

下面，我想论述一下几位在历史上与相国寺因缘深远殊胜的著名画僧。

首先，说到中世的艺术家，马上在我们脑海中浮现出来的人物就是雪舟之师、主导中世画坛的天章周文禅师。镰仓中期至室町初期，禅宗蔚为鼎盛，中国宋元时代的绘画作品以禅宗社会为中心得到流传和追捧。其结果是，在日本画坛掀起了一股崭新的风气，使日本画坛呈现出丰富多彩的显著变化。其中尤以水墨画领域变化多端，由此获得了长足的发展。

禅门称实践其教理教义的僧堂为丛林，正因为如此，僧堂原本多选定在山林之间，或设置在深山密林之中。后来，建于都市中的一部分禅宗大寺也设置了僧堂，但是自古以来僧堂大都建于远离人烟的山林之中。其目的在于使修行者保持与自然的密切接触，通过这一接触而向飞禽走兽、山川草木等大自然学习，锻炼体格，锤炼心魄。

通过这种修行生活，禅僧逐渐地深入到自身观察的对象——生命其本身之中。通过长年累月的修炼而获得的至为重要的直观感觉，驱动禅僧的原始艺术创作本能，从而创造出精美的艺术佳作。这种将自身与自然合为一体的体验所获得的直观感觉，淋漓尽致地体现在水墨山水画的创作活动之中。

禅僧画家并非单纯地接受和继承外来文化，将其视为掌中玩物，而是力图追求禅修与绘画创作的统一，借助水墨画这片天地来表现自身的心灵境界。这是一种职业画家所望尘莫及的自由而远大的心灵境界。这种崭新的创作精神犹如一股清风吹入日本画坛，引导日本画坛发生了翻天覆地的变化。

伴随着中国文化的不断传入，日本效仿中国禅林确立了五山制度，同时五山制度的确立又推动了五山文学的蓬勃开展。追求诗与画的统一之妙境的时代风潮，促使以诗画卷轴为独特表现形式的水墨山水画创作不断地走向繁荣兴盛。

毋庸赘言，这种崭新的时代风潮也逐渐波及掌握当时国家政治军事大权的武家阶层，一批代表了新兴文化潮流的画家进而享受了极为丰厚的待遇，并受到了大力的保护。

这种绘画创作活动，在与室町幕府将军足利家族关系至为密切的相国寺极为活跃。涌现出了如拙、周文、雪舟、宗湛等一大批杰出的水墨画画僧人才。下面简略地论述一下享有日本山水画之父美誉的周文的生平业绩。

周文禅师隶属于临济宗梦窗派，讳周文，道号天章，越溪人。曾用高远轩、依绿斋、岳翁等号。少年时代曾用名春育，俗姓藤仓氏。关于周文的出生地有两种说法，一种说法是萨摩人，即现在的鹿儿岛西部；一种说法是越前人，即现在的福井县北部。根据出生地越溪二字来推断，越前之说较为贴切。

周文剃发出家而入相国寺的具体年代没有确切的文字记载，但是根据他担任的"都管"这一僧职，可以推断当属于僧众中的杰出人才。所谓都管，相当于寺院的总监，负责监督寺内的所有寺务。此外，周文尤其擅长绘画，以确立了室町时代水墨画的规范式样而闻名日本绘画史册，以室町幕府将军足利家族的御用画师而蜚声当世。

关于周文的绘画创作风格，周文晚年的弟子、其绘画才能曾获得周文印可的兵部墨谿绘有一幅周文肖像。当时，被称为五山文学泰斗之一的希世灵彦曾在这幅肖像画上题写了赞语，评价周文的绘画创作特点："周文笔下，佛寺伽蓝之中的释梵诸天变相栩栩如生；王公贵族宅邸之中的花鸟山水光艳夺目。"此外，周文艺术创作活动涉猎广泛，在佛像制作和雕塑等诸多艺术领域都发挥了非凡的才能。

尤为令人感叹的是，周文的卓越的艺术成就仿佛皆为信手拈来之物。换而言之，对于周文本人来说，艺术创作只不过是自身参禅问道的手段之一，只不过是在履行僧职所关系的分内寺务而已。画僧如拙是周文的绘画启蒙之师，周文的弟子雪舟在前面谈到的《破墨山水图》中对此有所记述。

应永三十年（1423 年）十一月，奉幕府之命，圭寿梵龄禅师率领使节团一行前往朝鲜奉请《大藏经》（高丽版）经版。周文认定了这一良机，作为画僧一同前往。同年 12 月 25 日，使节团一行觐见了李王朝第四代世宗。

山水图（传为周文绘，友竹妙贞题赞，现为个人收藏）

周文在朝鲜受到了极为热烈的欢迎，被称为"画僧周文"。访问期间，周文绘制了山水画和观音图等。临别时，鱼变甲、俞尚智等李王朝高官分别赋诗赠送周文。关于这一段历史史实，日本无任何历史资料可以查证，而朝鲜的《世宗庄宪大王实录》中则有详细的记载。翌年三月，使节团一行人携带《大藏经》经版归国。周文在异国之地受到了一流文人的礼遇。

关于周文的绘画作品，访问朝鲜之前他创作了《三益斋图》，该图上有玉畹梵芳于应永二十五年题写的序文。此外，广为人知的还有应永二十六年前后绘制的《江天远意图》和《对花轩图》等。从朝鲜归来的翌年，即应永三十二年十月创作的《陶渊明赏菊图》属于周文绘画作品中壮年期之作，备受世人注目。

应永三十二年（1425 年）八月，相国寺发生巨大火灾，寺内的塔头寺院几乎化为灰烬。其后，再建工程陆续展开，直到五年后的永亨二年（1430 年）十一月，才迎来了佛殿的上梁仪式。周文具体参与了一系列的复兴事业。永亨七年九月，为了建造早已竣工的佛殿主佛左右的佛像，周文随同担任僧录职的季琼真蕊前往建仁寺参观考察佛像。

同年十月，周文参与了椿井佛像制作所的法眼集庆制作的奈良片冈达摩寺的达摩大师像的彩绘工程。永亨十一年十一月四日，围绕相国寺山门的二王像的彩绘费

《十牛图》第四幅"得手"（传为周文绘，现藏于相国寺）

用预算问题，周文因与担当具体施工的佛像工艺师之间产生了分歧而提出申述。其根本的分歧在于，周文认为佛像工艺师的施工预算费用过高，并提出如果由其本人负责施工的话，不必花费如此过高费用。周文的申述遭到了佛像工艺师的强烈反抗，但是周文据理力争，有理有据地阐述了自身的见解，从中显示了他渊博的专业知识和极大的自信。

翌年，周文奉室町幕府第六代将军足利义教之命，与奈良的佛像工艺师共同完成了京都东山云居寺主佛阿弥陀三尊像和仁王像的造塑工程。嘉吉三年（1443 年）

周文参与大阪四天王寺圣德太子像制作工程，制作工程中与佛像工艺师多有意见和争执。同年 12 月 21 日竣工后返回京都。除了佛像雕刻制作之外，周文还积极地创作了大量的绘画作品。

永享五年（1433 年），周文绘制了《观音菩萨善财童子图》，东福寺的著名高僧愚极礼才禅师为其题写了赞语。令人遗憾的是，这幅《观音菩萨善财童子图》被截断开来，现在仅存愚极礼才题写的赞语部分。永享十年（1438 年），周文迎请太上皇后崇光院御览了其绘制的隔扇壁画《梅图》，此外他还绘制了西芳寺的《鲤鱼图》等隔扇壁画。文安二年（1445 年）五月，绘制了《水色峦光图》，并奉请心田清播、江西龙派、信仲明笃等名僧题写赞语。其间，他还绘制了《竹斋读书图》，当世名僧竺云等莲于文安四年为其撰写了序文。

周文的早期山水画作品代表作，当推相国寺塔头寺院慈照寺现存的惟肖得严题赞的《山水图》，具体绘制年代不详。

惟肖得严被誉为当世最负盛名的学问僧，受到室町幕府第四代将军足利义持的厚遇，曾历任万寿寺、天龙寺、南禅寺等五山名刹住持。永享九年（1437 年）圆寂，世寿七十八岁。由此可以推断，这幅由惟肖得严题赞的《山水图》绘制于永享九年之前。

这幅《山水图》被视为反映了周文绘画生涯的前半

山水图（传为周文绘，惟肖得严题赞，现收藏于慈照寺）

山水图（传为周文绘，江西龙派、心田清播题赞，现为个人收藏）

期画风的名作。画中描绘的岩石、树木、房舍等捕捉了较近的景色。与一般的枯淡画风相比，这幅《山水图》运用充满丰富诗情画意的墨色和重厚的笔致，淋漓尽致地描绘了眼前的山水佳境。

然而，不少被视为周文所绘的水墨画名作，至今无法考证是否确实出自周文本人之手。但是，我认为与周文水墨画的盛名相比，至今很多作品的真伪尚未得到确认这一事实也只能认为不可思议。反之，蕴藏在众多难解之谜之中的周文的绘画生涯也许向我们暗示着这样一个事实：周文并不单纯是一位世所公认的室町幕府将军家的御用画师。

江户时代的画史《丹青若木集》记载：长禄三年（1459 年）三月十五日，周文向弟子雪舟传授了绘画技法。由此可以推论，周文至少生存到了那一年代，然而其殁年至今不明。据《丹青若木集》宽正四年（1463 年）三月二十八日条记载，小栗宗湛被招为室町幕府将军家御用画师，与周文奉领同等俸禄。由此可以断定，此时周文已经离开了当世。

毋庸赘言，创造了无数绘画名作的周文大显身手的舞台，曾经是一个以室町幕府和幕府将军家族为背景，以相国寺为创作活动据点的五山文学艺术的中心。

雪舟的画境

日本水墨画之父天章周文，在以相国寺为活动据点的五山文学艺术中心留下了巨大的足迹。继承周文的衣钵，在日本画坛上留下了不可磨灭的足迹，被后世誉为画圣的是周文的入室弟子雪舟等杨。雪舟之师周文在中央集权的势力范围内奠定了自身在画坛的地位，而雪舟等杨却经历了一条截然相反的绘画创作道路。

雪舟出生于备中，即现在冈山县西部的赤浜地区，12岁入近乡的宝福寺出家为僧。在当时的社会，好学上进的少年出家为僧，被视为获取更多知识的便捷之径。虽然雪舟自幼喜欢绘画，但是既然投身佛门，就必须按照佛门的规矩参禅问道，履行佛门所规定的职责。然而法名等杨的这位少年却一心只顾作画，经常疏忽职守。为此，少年等杨曾经被师父捆绑在大殿的柱子上，以示惩罚；而等杨却用脚趾蘸着自己流淌下来的泪水在地板上画出了栩栩如生的老鼠。这个实实在在的故事至今还在日本画坛广为流传。

16岁那一年，少年等杨离开家乡，前往京城，来到当时的宗教行政管理中心相国寺。因为相国寺不仅是僧录司所在地，而且是禅林五山文化的中心，这里还传承着以如拙、周文为代表的日本水墨画的源流。此外，相国寺与执掌日本政治和军事权力的室町幕府将军足利家族之间存在着根深蒂固的纽带关系。少年等杨也许综合地考虑到了这些得天独厚的时代背景，作为可以安心致志地修习绘画艺术的最佳场所而选择了相国寺吧！当时，等杨师从其后成为相国寺第三十六代住持的春林周藤禅师修禅问道，还曾前往位于镰仓的建长寺，投玉隐永屿禅师门下参修。

当然，雪舟一边刻苦参禅问道，一边师从周文努力修习绘画技能，修行和画技都大有长进。不久，雪舟被委以相国寺知客这一重要僧职。所谓知客，为禅门寺院六大僧职之一，主要负责迎送和接待来往寺院宾客的工作，要求担当者具有强有力的外交手腕以及良好的为人品格，被视为六大僧职中至为重要的职位。

所谓六大僧职，为禅门丛林中仅次于六大执事的重要僧职，主要负责寺内僧侣的修行教育，分为首座、书记、藏主、知客、浴主、殿司，由德高望重且修行有素者担任。雪舟曾长期担任知客一职，而没有继续升任其他僧职，直至最终离开京都。

宽正四年（1463年）正月六日，雪舟之师春林周藤禅师迁化。素来不甚喜欢禅门丛林严格拘束气氛的雪舟为了寻求独立自由的新天地，迈出了人生中巨大的一步。

长禄二年（1458年）三月十五日，雪舟之师周文授予雪舟《画书君台观》，以示印可。宽正三年（1462 年）雪舟得到了元代高僧楚石梵琦的墨迹"雪舟"两个大字，决定要用"雪舟"这两个字作为自身的道号。后来，雪舟特意恳请时任第十八代僧录司，即禅宗总监的龙岗真圭禅师手书了"雪舟"二字，以资证明。其后，雪舟踏上了人生新的旅途。

雪舟带着对恩师周文的深深怀念离开了久居的京都以后，行脚游历诸方。宽正五年抵达了周防，即现在的山口县。当时，诸侯大内氏一族把持着周防，其势力波及周边的中国地区，乃至四国、北九州地区，恐于京都政局不安、危机四伏气氛的一大批文人纷纷移居周防。因此，周防素有小京都之称，繁荣异常。

雪舟移居周防之前，早已在京都相国寺奠定了画僧的牢固地位，闻名京城。雪舟抵达周防以后，受到了大内氏一族的热烈欢迎和殷切期待。大内氏一族对于早已驰名京城的高僧雪舟热情款待，在风光明媚的云之谷为雪舟营建了名为云谷庵的画室兼居室，为其日常生活和绘画创作提供了极大的便利条件。

当时，室町幕府第三代将军足利义满为了弥补幕府财政短缺，促进与中国的亲善关系，决定恢复与中国明朝的外贸交易往来，向明朝派遣使节船队。使节团的正使为建仁寺第一百九十一代住持天与清启禅师，副使为南禅寺的桂庵玄树禅师和居座寿敬禅师。第一号船为室町幕府的和泉丸号，第二号船为细川氏的宫丸号，第三号船为大内氏的寺丸号。副使桂庵玄树乘坐大内氏的寺丸号，而雪舟也坐上了寺丸号。遣明使节船一行决定于宽正六年春季启程。

期间，爆发了史上闻名的"应仁之乱"，因此当事双方的足利将军一族和细川一族不得不将派遣遣明使船计划暂时搁置了起来。结果，只有大内氏的寺丸号独自先行启程了。

应仁元年（1467 年）五月，由大内氏的寺丸号和大小随行船组成的船队浩浩荡荡地出发了。船队一路顺风满帆，直奔浙江省的贸易港口宁波，五月末平安抵达了宁波港。而第一号和第二号遣明使节船于翌年抵达了中国。

当时的宁波港为来自日本的贸易商船的停泊港口，在对外贸易史上占有重要的地位。当年，名闻日本的遣唐留学僧弘法大师空海（774～835 年）也是随同遣唐使由宁波港上岸，而后前往长安修习密宗佛教的。此外，宁波地区自古就是佛画画家的聚集之地，这些优秀的佛画画家所绘制的佛画大多出口日本，充分地发挥了贸易港口的贸易和文化对外交流的历史作用。

雪舟在宁波港稍事停留，广泛地接触观赏当地民情风俗，与当地画家交流往来、鉴赏古画等，亲自耳闻目睹了异国他乡的情调。然后，雪舟一路向东，来到了位于四明的宋代五山第三位太白山天童景德寺。镰仓时代，日本求法僧道元（1200～1253年）入宋求法，师从天童寺如净禅师参禅问道并嗣法，归国后开创了日本曹洞宗。从此中国的天童寺成为日本尽人皆知的禅宗名刹。

天童寺对于日本派遣的正式遣明船的随行僧侣、早已独成一家而闻名日本的画僧雪舟显示出了极大的热情，厚礼相待，请雪舟担任了首座之职。所谓首座这一僧职就是位于寺内僧众之首，指导僧众日常修行生活之职。

在中国明代，首座一职根据场合似乎已经变成一种名誉职位，成为对于远道来临的嘉宾贵客授予的一种荣誉称号。然而，对于曾经身为相国寺知客而入明不久的雪舟来说，一定是一件十分荣耀之事，所以雪舟在其后绘制的得意之作上经常把"天童第一座"题写在款记上，从中可以窥见雪舟对此殊荣所给予的巨大鼓励的感激之情。

翌年，雪舟辞别天童寺一路北上，先后经由杭州、苏州、镇江等地，向明朝首都北京进发。同年年底，雪舟乘船沿运河北上，抵达了向往已久的北京城。

途中，雪舟博采中国大陆无限风光，广泛地了解中国南北地区风格迥异的风土人情和民俗习惯，结交各地画家切磋画艺，了解当世画坛风气等等，收获颇丰。

进京后，雪舟受到了极为隆重的礼遇，奉请为紫禁城内的礼部院中堂绘制了大幅山水壁画，备受赞赏。遗憾的是这幅壁画并没有保存下来。现存于东京国立博物馆的《四季山水图》，深受明代浙江画派的影响，被视为雪舟滞留明朝期间的佳作。此外，雪舟还绘制了《镇江金山寺》、《四明育王寺》等名作。

雪舟前后滞留中国大约三年左右。文明元年（1469年）五月，四明的文人徐琏赋诗为其送行，雪舟终于满载而归。

雪舟在明期间，不仅饱览了在日本也广为人知的夏珪、马远、梁楷、李唐、玉涧等名家的真迹，还亲身领略了中国各地的壮丽秀美的景色，向大自然学习，在大自然中锤炼和陶冶绘画艺术的境界。长达三年的考察和实践，使雪舟受益匪浅。雪舟通过亲身耳闻目睹所获得的难得宝贵的直观感受，奠定了归国后绘画艺术创作的格局和方向，在其绘画创作生涯中结出了丰硕的果实。

归国后，雪舟先在筑紫，即现在的九州地区短暂逗留，然后返回位于周防的云谷庵。不久，前往丰后，即现在的大分县一带，营建了"天开图画楼"。曾经与雪舟共同跨海入明的挚友呆夫良心禅师以"天开图画楼"为题，撰写了《天开图画楼记》。

文明十二年（1480 年），雪舟返回山口县，绘制了《琴高列子图》，并请一同入明的遣明副使桂庵玄树禅师题写了赞语。翌年，雪舟来到位于东美浓鹈沼的正法寺，在此邂逅了早年挚友万里集九禅师。挂锡正法寺期间，为万里集九绘制了《金山寺图》和水墨画屏风。同时，应正法寺春岳崇书记之请，为新建的书斋绘制了《杨岐庵图》。

文明十四五年前后，雪舟遍游奥州和北陆等地，途经京都返回了山口县。

文明十八年三月，为季弘大叔禅师绘制了《蔗庵》画轴，并特意由山口送往季弘大叔禅师处。同年六月，与分别已久的了庵桂悟禅师重逢叙旧。同年十二月，为大内氏绘制了毕生的大作《四季山水图卷》。这是一幅宽40厘米、全长17.9米的超大幅作品，荟萃集结了雪舟的全部画风。该作品原本一直为大内家族珍藏，后来大内家族被毛利元就所灭之际，成为毛利家藏品，现在由毛利育德会保管收藏；时有公开展出，不少人一定欣赏过这幅巨幅佳作。

明应三年（1494年），雪舟的弟子如水宗渊返回关东之际，雪舟为其绘制了《破墨山水图》，并亲自题序赠送弟子，以示印可。这幅《破墨山水图》上，兰坡景茝、默云龙泽、了庵桂悟、正宗龙统、月翁周镜等雪舟的五山挚友分别题诗，为宗渊饯别。雪舟本人亲笔题写的序文中明确地注明：我的启蒙恩师为如拙和周文，这幅山水图描绘的是游历浙江省杭州之际所见西湖名胜的风景，秉承了宋代名人玉涧的笔意。

这幅《破墨山水图》不仅是雪舟的传世佳作，而且不失为一份极为宝贵的历史资料。这幅山水图曾流传至相国寺，文政十三年（1830年）移往相国寺塔头慈照院。明治三年（1870年）开始的"废佛毁释"之际，由慈照院以3500元的献纳金进献给当时的帝室博物馆，即现在的东京国立博物馆。这幅佳作后来被指定为日本国宝级文物，现在作为雪舟绘画代表作之一，仍然收藏在东京国立博物馆，时有公开展出。当年那笔献纳金被充作了相国寺塔头寺院梅岑轩的复兴经费。当年，慈照院住持介川和尚将这幅寺宝交付帝室博物馆之际，曾赋诗一首：

献纳雪舟破墨山水画于帝室博物馆赐金三千五百元

山水画来感鬼神，
墨痕折破始看真。
一枝秃笔抛空去，
化作梅岑万世春。

这首诗的大意是说：感动鬼神为之而泣的这幅山水画的本来面目，乃至作画的那支秃笔都抛向天空而去，化作梅岑轩而留存万世。我们从这首充满了依依惜别深情的诗句中，可以感受到由于时代潮流的裹挟而流入东京国立博物馆的这幅《破墨山水图》所蕴藏的耐人寻味的余韵。

明应九年（1500 年），雪舟致书京都的弟子如水宗渊，告知自身业已年满八十，感叹在乱世之中难得长命。雪舟终身没有放弃行云流水般的游方生活，足迹遍及日本各地。他通过云游大地山河这一参禅辩道的手段而悟道，然后将其悟得的内容，通过绘画这一艺术手段表现出来。雪舟以其独领风骚的画风，达到了他人难以效仿的崭新境地。

我们根据雪舟传世的无数名作可以明了，将雪舟所取得的卓越成就称为"前无古人，后无来者"是恰如其分的。永正三年（1506 年）二月二日，这位享誉日本画坛的杰出画僧乘鹤西去，世寿八十七岁。

翌年，雪舟生前挚友了庵桂悟和尚以及弟子以参周省禅师二人前往云谷庵，在雪舟遗作上题写赞语，以示哀悼之意。了庵桂悟献诗曰"牧松残韵雪舟逝"，追悼入寂的挚友雪舟等杨。

后　记

　　平成二年（1990 年）一月，茶道宗遍流出版的杂志《知音》的编辑部向我约稿，出版形式为连载。由于内容不限，我欣然地接受了稿约。此后，至平成四年第十二期为止的三年间，在连载文章中，我有幸回顾了巡礼参拜各国佛教圣地的难忘往事。

　　昭和五十一年（1976 年）十一月，我参加了在美国大菩萨禅堂举行的"大接心"。翌年，我首次巡礼参拜了中国佛教遗迹。此后，我几乎每年都前往中国，有一年曾经去过四次。这些年来，我有缘参与了中国临济禅的发祥之地临济寺、赵州和尚驻锡弘法的柏林寺、虚堂和尚大举禅风的径山万寿寺等日本禅宗祖庭的复兴事业。此外，相国寺还与中国开封的大相国寺结为了友好寺院。万里香花结胜缘，有生之年，我为能够有机会躬逢这些千载难逢的盛事，感到无比荣幸。

　　期间，我还经常巡礼朝拜东南亚一些国家的佛教圣地。其中使我留下了终生难忘印象的就是初次巡礼朝拜柬埔寨佛教圣地。在那次舍身而为的旅途中，我们一行经由越南准备继续乘机前往目的地柬埔寨之际，就从柬埔寨传来了机场已被封锁，泰柬边界上发生了军事冲突的惊人消息。十分幸运的是，第三天以后危机解除，我们才得以实现了向往多年的夙愿。

第二次，我应邀参加了在柬埔寨举行的佛学院开学典礼，同时还为柬埔寨的日语学校的孩子们带去了不少急需的日语读物，整个活动功德圆满。但是，第二天我们为了参拜位于吴哥古迹中的女王宫佛教遗址，必须通过一片原始森林。大约十天前，一对英国摄影家夫妇就是在这片原始森林中遭遇了不法武装袭击而命丧异国他乡。我们一行人在大批荷枪实弹的柬埔寨军人的保护下，平安地实现了参拜夙愿。参拜活动结束，与保护我们的军人们告别之际，我们向他们赠送了纪念品，以示感谢，并衷心地期待柬埔寨早日走上复兴之路。当时，柬埔寨军人们那洋溢着完成任务后的无比喜悦的表情，我至今难以忘怀。

越南之行也同样给我留下了极为深刻的印象。这个发展中国家处处都呈现出一片复兴向上的热潮，展现着这个民族自强自立的坚定而积极的信念。我应邀列席了越南第二佛学院校舍奠基仪式。国运振兴，越南佛教界也逐渐迈出了复兴的第一步，作为佛门兄弟不禁感到由衷的喜悦。

今年 11 月，我计划第二次前往越南。我迫切地期待着通过巡礼朝拜越南的佛教遗迹，亲自耳闻目睹这个国家的复兴和变化。

禅门将行脚游方视为至为重要的修行实践之一。主张强调唯有以参禅闻法为目的，参礼天下诸方贤师，广求佛法，才是禅门主张的实参实究的觉悟之路。

释迦佛祖一生行脚游方不止，为我们树立了觉悟的典范，我们要将终生济渡众生而游方不止的优良传统进一步发扬光大。

老衲耄耋，壮心不已，我也要追随释迦佛祖的足迹，终生行脚游方，普度众生不息。

借此机会，谨向春秋社神田明社长，以及佐藤清靖主编和编辑部的桑村正纯先生表示深挚的谢意。

有马赖底

平成八年十月吉辰　谨识

生命禅坊

日本·禅·生活

　　禅起源于古代印度，公元6世纪传入中国，随后又从中国传入日本。经过多个世纪的传承和演变，在日本形成了独特的日本禅。

　　日本禅并非限于宗教范畴，而已渗入日本文化生活的各个层面。日本禅无处不在，栖居于日本人生活的细枝末节。正如铃木大拙所说："禅的中心事实是生活，禅独有的长处就在这里。"

有马赖底禅文集（全六册）

（日）有马赖底 著
刘建 华海 译

《活在禅中》

　　本书由禅入话，运用禅家睿智解读物欲横流、拜金主义横行的现代社会，阐述为人处世哲理，劝诫世人看破放下，卸掉肩头包袱，舍弃诸般欲望，清扫心灵污垢，回归清净自我，尽享绚丽人生。全书章节简练，行文深入浅出，语言幽默诙谐，娓娓道出禅家箴言妙语，开出根治现代疾病的灵丹妙药。

《破壁入禅》

　　作者信手拈来禅家公案、名言，古为今用，禅为日用，教导人们在举手投足之间把握禅的精髓；以禅家睿智为迷惘于现代社会诸般矛盾之人指明了如何正视人生逆境，面对现实磨难的思维方式与行动准则。全书章节简练，深入浅出，契理契机，引人入胜，拳拳禅心，发人深省。

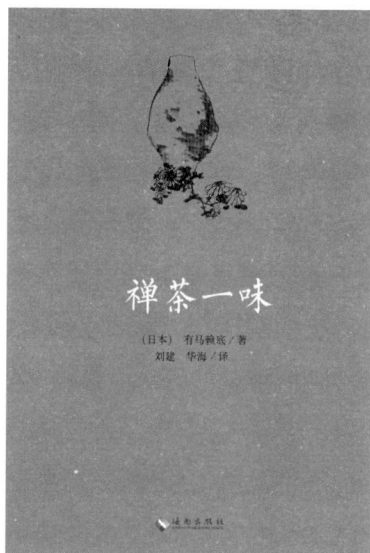

《禅茶一味》

　　中国禅宗的东渐，日本禅宗的兴隆普及，造就了绚丽多彩而独具特色的"禅文化"。身为日本佛教界领袖和著名禅师、茶人、美术鉴赏评论家，作者以独到的旁征博引，勾勒出禅法东渐的轨迹，着力考证论述了禅文化的至为重要一枝禅茶文化的发展历史。

《云水禅心》

"云水"为禅家参禅闻法至为重要的实践之一。本书为作者以终生行脚弘道的释尊为典范，巡礼亚洲各地佛教圣地，广弘人间佛教的随笔游记。作者在描绘佛教东渐轨迹的同时，以禅者独到的角度重点论述了慧能、黄檗、临济、梦窗国师等中日禅僧在佛教东渐史上的历史地位，以禅茶文化为中心阐述了笔者自身的禅宗艺术论。

《禅的对话》

本书通过 禅师与日本文化艺术界三位代表人物的对谈，揭示日本禅宗的精髓，以及禅文化与日本传统文化的渊源关系。本书图文并茂，全方位而形象地展示了日本现代名僧有马赖底广弘人间佛教的精神世界，以及现代日本禅佛教和禅文化的全貌。全书构思新颖，资料详实珍贵，为一部详细了解日本禅及日本禅文化的佳作。

《禅僧直往》

　　本书为日本当代著名高僧有马赖底的自传，作者运用充满真挚情感的细腻笔触，描绘了出身名门望族，幼年时代曾经为天皇伴读，而后投身佛门，活跃日本，广宏人间佛教的当代禅僧的鲜明形象。

铃木俊隆禅学经典系列

畅销西方三十余年而不衰的禅学经典

禅的真义

本书是《禅者的初心》的姊妹篇，根据铃木禅师晚年最后三年间的三十五篇开示讲稿编辑而成。铃木俊隆禅师以每天寻常生活的语调、幽默感，生动活泼地陈述"禅"的真义。

禅者的初心（平装）

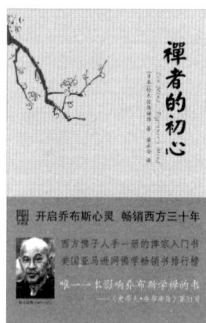

禅者的初心（精装）

禅修的心应该始终是一颗初心，不受各种习性的羁绊，随时准备好去接受、去怀疑，并对所有的可能性敞开。只有这样的心才能如实看待万物的本然面貌，在一闪念中证悟到万物的原初本性。铃木俊隆禅师用最简单的语言，从日常生活的情境切入，说明如何在生活中保持初心，实现自己的禅心。

适合现代的日本禅修

只管打坐：日本曹洞宗修行方法
(日本)前角博雄禅师 著

本书是前角博雄禅师以日本曹洞禅正规教学为中心的完整教导，也是他的禅法教学的第一部重大结集。本书阐述禅修，论及坐禅、公案参究、如何明白自己的生命以及根本的生死问题。

我的禅修生活：当代日本临济宗云水录
(日本)佐藤义英 著／绘

本书图文并茂，收录96幅飘逸的漫画，真实记录禅堂实际修行生活体验。本书以日记方式书画而成，一经出版就引起日本禅学家的重视，被译成多国文字出版。

铃木大拙禅学经典系列

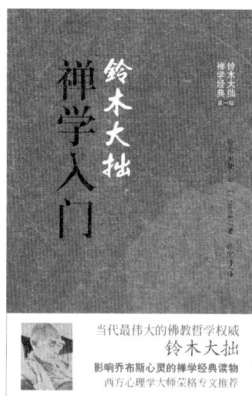

铃木大拙禅学入门

本书用最浅显的话语将深邃精练的禅讲得活泼生动，对于没有任何基础，并想了解和窥探禅的奥妙的人，无疑是最值得一读的首选作品。

禅与心理分析

本书是一部融合禅学与心理学的经典名著，开启东西方心灵世界的深度对话。禅与心理分析都是探索心灵奥秘的道路，最终都为了消除烦恼与压抑，解脱束缚。

"铃木大拙禅学经典"系列第一辑

　　铃木大拙，享有"人类导师、世界禅者"的美誉，当代最伟大的佛教哲学权威，是将禅学带到西方的第一人。海南出版社推出的"铃木大拙禅学经典"系列第一辑有：

1. 《禅学入门》
2. 《禅与心理分析》
3. 《禅者的思索》（即出）
4. 《禅生活》（即出）
5. 《铃木大拙禅论集之一》（即出）
6. 《铃木大拙禅论集之二》（即出）
7. 《铃木大拙禅论集之三》（即出）

　　这些作品都是经过精挑细选出来的，代表了铃木大拙禅学研究的精髓，曾经影响整个西方世界，激起西方世界对禅学的普遍兴趣。读罢铃木的禅学经典，我们就会明白：禅，其实就是我们的生活方式。

与生命相约

　　如果您在读书坊里的书，有些心得和感受，希望师父们再继续指点迷津，可以和我们分享和交流；如果您遇到好书或好的作者，请第一时间和我们联系。我们期待与您相约，共同创造美好的心世界。

咨询电话：010-64828846-639
电子信箱：eric998@126.com
新浪网微博：生命书香 http://weibo.com/u/3088715783
百道网书坊专栏：www.bookdao.com/person/31438
联系人：柯祥河